사상의
번역

이 저서는 2007년도 정부(교육과학기술부)의 재원으로 한국연구재단의 지원을 받아 출판되었음.
(NRF-2007-361-AM0059)

사상의 번역
쑨거의 『다케우치 요시미라는 물음』 읽기와 쓰기

초판 1쇄 발행 | 2014년 4월 2일

지은이 | 윤여일
펴낸이 | 조미현

편집주간 | 김수한
책임편집 | 김신식
교정교열 | 김정선
디자인 | 양보은

출력 | 문형사
인쇄 | 영프린팅
제책 | 경문제책사

펴낸곳 | (주)현암사
등록 | 1951년 12월 24일 제10-126호
주소 | 121-839 서울시 마포구 동교로12안길 35
전화 | 365-5051 · 팩스 | 313-2729
전자우편 | editor@hyeonamsa.com
홈페이지 | www.hyeonamsa.com

부산대학교 인문학연구소 © 2014
ISBN 978-89-323-1694-9 04100
ISBN 978-89-323-1624-6 (세트)

* 이 도서의 국립중앙도서관 출판시도서목록(CIP)은
  e-CIP 홈페이지(http://www.nl.go.kr/ecip)에서 이용하실 수 있습니다.
  (CIP제어번호: CIP 2014009284)

04

우리시대 고전읽기
질 문 총 서

사상의
번역

쑨거의
『다케우치 요시미라는 물음』 읽기와 쓰기

윤여일 지음

竹内好(1910~1977)

竹内好という問い(岩波書店, 2005)

孫歌(1955~)

"

사상의 번역이란

힘을 다해 상대에게 다가가려고 애쓰지만

동시에 상대와 동화될 수 없다는 자각을 품고,

상대에게 동일시하기보다

자신의 환경 속에서

스스로 길을 개척하는 노정이다.

"

차례

여는 글　사상을 번역하다[1]

원문 속에서 이미 번역이 시작된다.

　작품은 유한성에 사로잡혀 있다. 작품을 세상에 내놓은 개체가 유한한 존재이기 때문이다. 그러나 작품이 진정 작품이라면 그 제약을 딛고 나와 타인에게로 손을 뻗는다. 자신의 진실에 천착했던 유한한 개체의 지난한 사고의 흔적이 타인에게 물음으로 육박해간다. 작품의 문제의식은 짙은 농도로 말미암아 읽는 자에게로 삼투되고 읽는 자는 작품에 자신의 내면세계를 투사해 거기서 잠재되어 있던 여러 물음이 모습을 이룬다. 그런 작품에는 어떤 번역성이 감돌고 있다. 원문에서 이미 번역이 시작되고 있다.

1　이 책은 「다케우치 요시미 사상의 원점: 루쉰을 단서로」, 「내재하는 중국: 다케우치 요시미에게 중국 연구란 무엇이었나」, 「사상이 살아가는 법: 쑨거의 동아시아론 연구」를 토대로 작성되었다.

사상의 번역

다케우치 요시미竹內好는 그런 작품을 써낸 개체다. 그리고 쑨거 孫歌의 『다케우치 요시미라는 물음』은 '사상의 번역서'다. 이 책은 그 저 다케우치 요시미에 관한 연구서가 아니다. 다케우치 요시미에 관한 기록이라기보다 다케우치 요시미를 통해 쑨거가 자신을 응시해 간 기록에 가깝다. 쑨거에게 이 책을 쓰는 일은 다케우치의 사상을 자신에게로 번역해오는 행위이자, 다케우치를 매개해 자신의 내적 고뇌를 사상의 형상으로 번역해가는 행위였던 것이다.

그렇기에 『다케우치 요시미라는 물음』에는 다케우치 요시미로 환원되지 않는 요소가 관류하고 있다. 이 책은 쑨거가 다케우치에게서 영향을 받은 흔적을 보여주지만, 반대의 방향에서 말하자면 다케우치의 여러 모습 가운데서도 쑨거의 내면세계에서 긴밀히 가닿은 것이 이 책에 남겨졌다. 쑨거가 자신의 내면세계를 다케우치에게 투사하는 동안 그녀 속에 잠재되어 있던 여러 복잡한 감각이 이 책의 문장들로 형상을 이룰 수 있었다. 이 책은 다케우치에 관한 지식으로 꾸려졌다기보다 쑨거 자신의 사상의 집념으로 떠받쳐진 산물이다.

한국 지식계에서 쑨거는 중국의 드문 동아시아 논자로 알려져 있다. 그러나 그녀를 동아시아 논자로 분류하려거든 그녀의 동아시아 사유가 지닌 고유한 질감을 놓쳐서는 안 된다. 그것은 미래를 향한 기획보다는 독특한 역사 감각에서 연원한다. 그리고 그 역사 감각은 과거 인물의 고뇌를 자신의 현실에서 되살리려는 시도로부터 빚어졌다. 그 인물이 다케우치 요시미인 것이다.

물론 쑨거가 다케우치 요시미를 어떻게 독해했는지가 그녀의 사상 세계로 진입하는 유일한 통로는 아닐 것이다. 하지만 그녀의 사상 세계를 이해하는 가장 중요한 단서이기는 할 것이다. 하나의 사상적 인격이 어떻게 발효되었는지를 알고자 할 때, 그 존재가 다른 역사적 인물의 어떤 표현을 깊이 새기고 그 인물을 향해 어떻게 다가갔는지를 확인한다면, 그 존재의 본질에 가까운 내용을 얻을 수 있기 때문이다. 일반론으로 제시할 수는 없겠지만, 다케우치 요시미가 쑨거에게 그런 존재였다고는 확신을 갖고 말할 수 있다.

윤여일

1장   사상적 만남

사상적 만남

쑨거가 다케우치 요시미의 글을 처음 접한 것은 1988년의 일이다. 개인적으로는 대학에서 중국 문학을 전공한 뒤 중국사회과학원 문학연구소에서 근무하던 시기였다. 사회적으로는 인민공사의 와해를 거쳐 도시에서 가격 개혁이 진행된 이른바 '신시기'였으며, 사상계에서는 서구 철학과 이론이 유행하던 시대였다. 그러나 쑨거는 시대 조류를 따르지 않았다. 오히려 시대 조류와의 거리감을 사유와 글쓰기의 시각으로 삼았다고 훗날 회고한다.[2] 하지만 이 무렵에는 다케우치 요시미로 깊이 빠져들지 않았다. 만남은 아직 발생하지 않았다.

쑨거는 대학에서 중국 문학을 전공했지만 학적

2   쑨거, 「가로지르며 걷는 길」, 『아시아라는 사유공간』, 류준필 외 옮김, 창비, 2003, 18~19쪽.

질서를 충실히 따르지 않았다. 그녀는 대략 1990년대 후반까지 비교문화 연구에 매진했다. 아카데미의 규율에 반발해 비좁은 분과의식을 어떻게 돌파해야 할지를 고민하며 학문 세계의 탈영역성을 모색했다. 그러다가 1995년에 일본으로 유학해 전공을 일본 정치사상사로 옮겼다. 이번에는 한 분야 안에서 오랜 기간 축적된 사상적 유산을 몸에 익히는 데 힘을 쏟았다. 그런 전환의 과정이 『구착집』[3]과 『주체 미산의 공간』[4]에 담겨 있다. 그리고 이 무렵부터 다케우치 요시미를 본격적으로 파고들기 시작했다. 다케우치는 그녀에게 박사논문의 대상이었다. 그러나 『다케우치 요시미라는 물음』이 나오기까지는 여전히 10년의 시간이 더 필요했다. 다케우치의 글을 읽기는 했지만 만남은 여전히 발생하지 않았기 때문이다.

쑨거는 이렇게 말한다. "다케우치는 마음만 먹으면 언제라도 파고들 수 있는 만만한 사상가가 아니다. 그와 비슷한 강도로 고뇌와 좌절을 겪지 못했다면 그저 어깨 한번 스치고 지나친 것에 불과하다."[5] 독자는 그만한 고뇌와 좌절을 겪어야 역사적 상대와 대면할 수 있는 것이다.

물론 '그만한'이라고 하더라도 과거 인간의 '고뇌와 좌절'과는 질도 양도 다를 것이다. 그렇다면 '그만한'은 등가성의 표현일 수 없다. 차라리 번역성을 의미한다. 과거 인간의 흔적을 좇던 중에 독자가 자신의 '고뇌와 좌절'이 갖는 의미를 깨닫는다면, 그 '고뇌와 좌절'은 과거 인간에게 다가서는 진입로가 될 수 있는

3 孫歌, 『求錯集』, 三聯書店, 1998.
4 孫歌, 『主體弥散的空間』, 江西教育出版社, 2002.
5 쑨거, 「아시아라는 사유공간」, 『아시아라는 사유공간』, 49~50쪽.

것이다.

쑨거는 『다케우치 요시미라는 물음』을 출간한 뒤에도 다케우치와의 만남은 여전히 진행 중이라고 말한다. 「한국어판 서문」의 첫 문장이다.

> 이 책을 쓰는 일은 그저 학술적 행위가 아니었다. 다케우치 요시미는 내게 사상사의 연구대상에 그치지 않았다. 이 책을 출판한 지 2년이 지났건만 다케우치 요시미와의 만남은 여전히 막 시작한 상태다. **6**

만남이 이제야 시작되고 또다시 시작될 수 있는 까닭은 쑨거에게 고뇌와 좌절이 더해질 때마다 다케우치의 텍스트는 자신의 고뇌와 좌절을 분석하는 매개체가 되었기 때문일 것이다. 그렇다면 다른 고뇌, 다른 좌절을 겪으며 쑨거는 다케우치의 다른 면모를 발견하게 될 것이며 그렇게 지난날 다케우치가 남긴 텍스트는 쑨거에게 살아서 다가올 것이다.

좌절이 거듭되고 고뇌가 쌓이고 그동안 문장들이 수놓였다. 쑨거는 좌절과 고뇌 속에서 이 책을 쓰면서 다케우치로부터 자기 영혼을 위로할 곳을 찾고 있었는지 모른다. 그러나 다케우치에게서 얻은 것은 안식이 아니었다. 「일본어판 서문」의 첫 문장도 마저 인용해보자. "이 책은 다케우치 요시미를 축으로 삼는다. 어떤 의미에서는 다케우치

6 쑨거, 「다케우치 요시미라는 물음」, 윤여일 옮김, 그린비, 2007, 7쪽. 이후로 이 책에서 인용한 구절은 쪽수만을 표기한다.

요시미와 '대결'한 기록이기도 하다." **7** 여기서는 '만남'이 좀 더 과격한 행위인 '대결'로 묘사되어 있다. 쑨거는 이 책을 쓰는 동안 위로 대신 다케우치와 대결할 기회를 얻었다. 그리하여 자신과도 대결해야 했다.

이윽고 쑨거는 현대인이 '역사상 인물'과 마주하는 패턴으로 이야기를 이어간다. 그녀에 따르면 역사상 인물과 대면하는 데는 네 가지 패턴이 있다. 첫째, 역사상 인물로부터 크게 시사를 받았기에 숭배에 가까운 감정에 빠져 상대의 눈으로 세상을 보고 경우에 따라서는 상대의 말투마저 흉내 내기에 이른다. 둘째, 역사상 인물을 추종하는 분위기에 반감을 품어 상대의 사생활을 검증하는 등 아우라를 깨뜨리려고 노력한다. 셋째, 역사상 인물이 범한 사고의 한계를 파고든다. 넷째, 역사상 인물이 지적 전통을 일궜다면 상대를 비판해 새로운 지적 전개를 꾀한다. **8**

물론 역사상 인물과 대면하는 방식은 이상의 네 가지 패턴 말고도 더 있을 것이다. 아마도 쑨거가 이런 식으로 정리해둔 것은 그녀 스스로가 이상의 네 가지 패턴을 경계하는 까닭일 것이다. 아울러 그 역사상 인물이 다케우치 요시미였기 때문일 것이다.

역설적 존재

쑨거는 다케우치 요시미를 '역설적 존재'라고 부른다. 한국에 번역된 『다케우치 요시마라는 물음』은 2005

7   25쪽.
8   25~26쪽.

년에 출간된 일본어판을 옮긴 것이다. 그해에는 중국어판도 출판되었는데 제목은 『다케우치 요시미의 역설』[9]이었다. 쑨거는 말한다.

> 다케우치는 긴장관계의 내재성에 시선을 둔 까닭에 더욱 복잡하거나 '답이 없는' 문제를 주목해야 했다. 그래서 다케우치를 읽기란 어렵다. '답을 구하는' 일은 가장 널리 퍼져 있는 현대의 학술적 습관이다. 이러한 습관은 사물이 객관적으로 존재하며 서로 구분되는 실체라 간주하는 또 다른 관습적 발상과 더불어 발전해왔다. 그러나 다케우치의 역설은 결코 단순한 스타일이나 수단이 아니라 하나의 입장이며, 세계를 인식하는 하나의 출발점이었다. (……) 사고를 기능성 위에 세운다면 역설은 방법 이상의 가치를 얻게 된다. [10]

한 구절을 더 인용하자.

> 사상사의 인물 가운데는 여러 유형이 존재한다. 인간은 모순을 지니고 살아가지만, 모든 역사상 인물이 자신의 모순을 문제로 삼지는 않았다. 오히려 현실적 입장과 자신의 사고 사이에서 일관성을 지키는 쪽이 보통이다. 그러나 다케우치는 이런 유형의 인물이 아니었다. 그는 생애에 걸쳐 자신이 품은 사고의 모순을 끊임없이 문제 삼았다. [11]

9 孫歌, 『竹內好的悖論』, 北京大學, 2005.
10 144쪽.
11 28쪽.

다케우치는 자기 안에 모순을 품고 있었으며, 그 모순을 끊임없이 파헤치고 끄집어내며 모순을 양식으로 삼아 사상을 해나갔다. 또한 다케우치는 역설을 인식론적 시각으로 삼았다. 그의 중요한 관념 속에는 첨예하게 대립하는 모순적 성분이 공존했으며, 그의 대표 저작은 역설적 특징을 지녔다.

다케우치는 유동하는 인간이었고 체계를 세우지 않는 유형이었다. 현실 문제에 부딪히면 가설을 만들어 사용한다. 그러나 새로운 국면에 이르면 가설을 다시 짠다. 전에 만들어뒀던 가설이 당시에는 유용했더라도 그것을 도그마로 삼지 않는다. 이런 유형의 사상가는 체계를 갖추기 어렵다. 체계화된 사고가 풀어낼 수 없는 현실과 마주하면 스스로 체계를 무너뜨린다.

그렇다고 다케우치가 원칙 없는 인간은 아니었다. 쑨거는 말한다. "다케우치가 중시했던 사상적 원칙은 관념으로 구성된 도그마가 아니라 복잡한 현실 상황에 늘 진입할 수 있다는 투쟁의 역동성 자체였다. 이는 결코 기회주의가 아니라, 오히려 원칙 없는 기회주의적 입장과 대립한다."**12** 다케우치는 광범한 주제를 사고하고 여러 방면에 걸쳐 활동하고 다양한 발언을 내놓았지만, 근본적으로는 단순한 가치판단을 부수고 복잡한 현실 감각을 기르는 데 주력했다. 그는 논리적 일관성을 지키기보다는 유동하는 상황 속으로 진입할 수 있는지를 중시했다. 그리하여 맨손으로 문제 상황에 뛰어들었고 거듭해서 좌절했다. 어떤 의미에서 그의 사상 역정은 좌절의 기록이다. 그가 살아가는 방식이 좌절을 필요   **12** 34쪽.

로 했는지 모른다.

다케우치 요시미를 둘러싼 평가는 분분하다. 그는 친중파, 아시아주의자, 반근대주의자, 근대적 계몽가, 내셔널리스트, 반마르크스주의자, 민주주의 운동의 사상적 지도자 등에 이르기까지 상이한 평가를 받았다. 상이할 뿐 아니라 때로는 모순되기도 했다. 이렇듯 평가가 엇갈리는 까닭은 그가 자신의 사고를 체계적으로 가공하지 않았으며, 특정 진영에 속해 활동하지 않았기 때문이다.

상이한 평가들로부터 짐작할 수 있듯이 다케우치는 독특한 지적 위치를 점했다. 아니 다케우치는 아카데미에서 제대로 다뤄지지 않았다. 누군가가 '일본의 대표적 지성'으로 치켜세웠다면, 누군가는 '학자에 이르지 못한 평론가'라며 깎아내렸다. 다케우치는 혼란스런 인물인지라 후세대 지식인에 의해 제대로 계승되지 못했다. 그러나 쑨거는 묻는다. 만약 한 인간이 이렇듯 상이한 평가로 분열된다면, 그것은 잡아 찢긴 역사상 인물이 아니라 잡아 찢는 현대인의 인식론 쪽에 문제가 있는 것은 아니겠는가.

더구나 다케우치 같은 유형의 사상가는 흠잡힐 구석을 많이 남기기 마련이다. 그는 편의대로 단편만을 취해 들먹이는 자들에게 빈틈을 내주었다. 다케우치에게는 적이 많았으며 적에게는 먹잇감이 많았다. 다케우치가 살아가던 당대에도 그랬으며 오늘날에도 그러하다. 그리하여 다케우치는 바로 쑨거가 지적한 둘째 패턴, 즉 실수와 실패를 먹잇감으로 삼아 평가절하하려는 자들에게 시달렸다. 그러나 쑨거는 『다케우치 요시미라는 물음』에서 이런 자들을 상대하

지 않았으며 다케우치를 위해 변명하지도 않았다. 상대해본들 유의
미한 소득을 낼 수 없기 때문이었다. 대신 강조한다.

> 역사상 인물을 다룰 때 사람들은 대개 심판 아니면 변호라는 대립
> 적인 두 가지 패턴에 빠지곤 한다. 그것은 '역사적 비판'과 '역사적
> 긍정'을 타성적으로 고정시키는 사고방식이며, '만남'에는 심각한
> 장애가 되는 일이다.[13]

쑨거는 주로 셋째 그리고 넷째 패턴을 검토했다. 셋째 패턴은 역사
상 인물이 드러낸 사고의 한계를 짚어내는 것이며, 넷째 패턴은 역
사상 인물을 극복하여 새로운 지적 전개를 꾀하는 것이다. 셋째와
넷째 패턴은 합류해 듣기 좋은 소리로는 '비판적 계승'이라 일컬어
진다. 즉 후대인으로서 과거 인간의 한계를 직시하되 성과는 계승한
다는 것이다. 확실히 그것이 오늘날 다케우치를 대하는 주된 방식이
다. 그러나 쑨거는 역사상 인물의 공헌과 한계를 구분해 취사선택
한다는 발상을 거부한다. 사상가로서의 공헌과 한계를 대립시켜서
는 다케우치 요시미의 사상을 온전히 파악하기 어렵기 때문이다. 다
케우치의 공헌은 그의 한계와 밀착되어 있다. 오히려 거듭된 오류와
실패야말로 그가 남긴 값진 유산이다.
    따라서 다케우치 요시미와 같은 인물을 비판하려거든, 비판이
더라도 내재적 비판이어야 한다. 외재적 비판이 바깥
의 척도로써 상대를 평가하는 방식이라면, 내재적 비   **13** 32~33쪽.

18   사상의 번역

판이란 상대의 문제의식을 파고들어 그 문제의식으로부터 상대가 내딛지 못한 다음의 일보를 비판자가 재구성하는 것이다. 그러려면 "무수한 가능성으로 인해 선택하기 어려운 매 순간, 반대로 조금도 선택의 여지가 없는 극한 상황에서 그가 어떤 어려운 결단을 내렸는지 살펴야 한다."**14** 우리는 과거 인간이 남긴 텍스트를 결과물로서 대하지만 과거 인간은 제약된 조건 속에서 선택하고 결단하여 그런 기록을 남겨놓았다. 따라서 진정 상대와 만나려면 결단의 결과로부터 결단의 고심으로 거슬러 올라가야 한다.

하나의 작품이 그러하듯 한 사상가의 사상 역정도 타인이 두 번 다시 반복할 수 없는 음영을 지닌다. 하나의 개체는 부자유하고 개체가 자신의 의지를 실현하려는 시도는 사회의 힘에 의해 굴절되기 마련이지만, 부자유하기 때문에 역사 속 개체의 선택은 역사적 의미를 지닐 수 있는 것이다. 역사의 뒤에 온 자는 그 고투를 함부로 평가해서는 안 된다. 과거 인물이 시대 상황 속에서 내린 구체적 선택을 지금의 잣대로 판단해서도 안 된다. 역사 과정 속에서 극히 부자유한 개체의 선택이 갖는 진정한 의미에 접근하여, 개체의 행방을 얼추 그 시대로 환원하고 마는 사고의 타성을 깨뜨려야 한다.

이러한 역사의 논리를 밟지 않는 한 비판적 계승은 실현되지 않는다. 다케우치를 계승하려거든 부자유한 개체가 역사 과정 속에서 취한 선택을 얼추 당대의 정황에 비추어 해석하려는 사고의 나태로부터 벗어나야 한다. 아울러 오늘날의 정적인 개념에 기대어 상대의 상을 안착하려는 지식의 습관에서도

14 52쪽.

벗어나야 한다. 쏜거는 지적한다. 다케우치가 오늘날 이해를 얻지 못하는 것은 다케우치의 문제가 아니라 현대인이 관념세계에 안주하고 있는 탓이다. 관념세계에 안주한다는 것은 관념의 안정성을 전제로 한다. 다케우치를 이해하려면 관념을 역사화해야 한다. 따라서 오늘날 다케우치를 되살리는 한 가지 의의는 현대인이 관념의 관성을 자기반성하는 데 있다.

쏜거는 자신을 직시해 말한다. "(다케우치를 대하면서) 가장 곤란했던 작업은 다케우치의 약점을 어떻게 지적할 것인지가 아니라, 오히려 다케우치 담론의 진정한 생산성을 발견하고 그것으로 나 자신의 사상적 창조력을 어떻게 기를 수 있는가였다. 이것이 가장 어려웠다. 왜냐하면 다케우치를 발견하는 일이란 다케우치 개인에게서 무언가를 배우는 것이 아니며, 다케우치를 매개로 하여 나 자신에게도 뿌리 깊은 '아카데미 근성'과 마주하는 것이었기 때문이다. 다시 말해 자기 자신의 타성적 사고 패턴을 깨뜨리지 않는 한, 다케우치에게서 그 무엇도 발견할 수 없는 것이다."**15**

그리하여 쏜거는 다케우치의 사상적 공헌과 한계를 분리해서 공헌은 취하되 한계는 덮어두거나 반대로 들추거나 혹은 극복하려는 방식으로 작업하지 않았다. 대신 다케우치가 남긴 수많은 텍스트에 근거해 그가 생애에 지녔던 사상적 긴장감으로 다가가 표면으로 드러난 다케우치의 다채로운 면모를 한 인간의 내적 모순으로 되돌리고, 바깥에서 평가를 내리기보다 다케우치가 처했던 상황 속에 자신을 두고 문면으로는 드러나지 않는   **15** 41쪽.

사상의 번역

내적 논리를 따라가 그의 핵심적인 물음에 도달하고자 했다. 쑨거는 그렇게 다케우치 요시미를 오늘날에도 유효한 '물음'으로 형상화해냈다.

만남의 절차

그런데 '만남'이란 무엇인가. 이 책에는 만남이라는 표현이 자주 등장한다. 쑨거는 다케우치를 "읽었다"든가 "이해했다"고 할 장면에서 "만났다"고 표현하곤 한다. 그것은 쑨거에게 다케우치란 해석해야 할 바깥의 텍스트가 아니라 영혼의 접촉을 통해 고뇌를 공유할 인간으로 다가왔음을 의미한다.

다케우치 요시미는 1977년에 생을 마감했다. 쑨거는 1988년에야 다케우치의 글을 접했으니 시대가 엇갈렸던 둘의 만남은 '사상적 만남'이어야 했다. 그러나 과거 인물의 글을 탐독한다고 사상적 만남이 발생하지는 않는다. 쑨거는 사상적 만남의 의미를 이렇게 가다듬는다. 만남이 발생하려면 독자와 대상은 서로에게 먼저 타자가 되어야 한다. "'만남'이라는 행위는 자신만이 아니라 상대도 주체적이며 또한 유동적으로 존재한다(즉 '살아 있다')는 전제 속에서만 이뤄진다. 즉 다케우치를 만난다는 상황은 연구 주체와 다케우치가 서로 '타자'가 되어야 한다는 걸 뜻한다."[16]

그래서 쑨거는 '만남' 말고도 좀 더 동적인 '대결'이라는 표현을 사용한다. 그것은 타자의 타자성 그리고 타자와의 관계성을 형상화하기 위한 표현이다. 대결을 행위의 과

16 29쪽.

정으로 풀어보면 '투입하다-끄집어내다'가 된다. "이 책은 다케우치 요시미를 만나려는 시도다. 나는 다케우치에 투입하는 과정을 거쳐 나를 다케우치로부터 끄집어내고자 했다."**17**

'투입하다-끄집어내다'란 타자의 타자성을 전제한 위에서 상대에게 자신을 내맡기되 동화되기를 거부한다는 의미다. "타자라는 매개를 통해 자기 해체를 진행하면서도 타자를 따르지 않는 방식으로 자기를 재건한다. 이러한 재건은 타자를 타자로서의 자족성에서 해방하고 자기를 자기로서의 배타성에서 자유롭게 한다."**18**

쑨거는 과거의 인물인 다케우치를 살아 있는 타자로 대하며 다케우치에게 자신을 던진 뒤 다시 다케우치로부터 끄집어냈다. 그 행위로써 연구자와 연구 대상이라는 이미 정해진 약속을 깨고 사상적 공동 생산을 일궈냈다. 비록 둘은 살아간 시대도 국적도 다르지만 각자가 낳은 고뇌가 어우러져 함께 물음을 형상화했다. 그 결과물이 『다케우치 요시미라는 물음』이다.

그런데 타자가 역사상 인물이라면 만남에 이르기 위해 신중한 절차를 밟아야 한다. 그중 한 가지는 타자의 '전체상'에 육박해야 한다는 것이다. 텍스트를 대할 때 유명한 구절만을 취하는 독해 방식처럼 역사상 인물에게서 세간에 알려진 면모만을 다뤄서는 안 된다. 한 인간으로서 살아간 인생의 부침과 사유의 변천을 조사해 전체상을 구현해내야 한다.

아울러 전체상을 구현할 때도 조건이 붙는다. "사상사 속 인물의 언동만을 그 전체상에서 떼어내 다룰

17 40~41쪽.
18 30쪽.

사상의 번역

경우에도 그 인물이 짜 넣인 사상사의 맥락을 무시해서는 안 된다. 개별 인물이 놓인 역사 상황에 대한 깊은 통찰력을 결여하면, 그 사상사 연구에는 관념적인 '사상'은 있으되 '사史'는 누락되기 때문이다."**19**

역사상 인물의 전체상에 육박한다는 것은 상대의 텍스트를 통달하거나 두루 섭렵한다는 의미에 그치지 않는다. 상대의 전체상을 구현해내려면 상대가 남긴 문자를 읽을 뿐 아니라 그 문자들을 토해낸 시대 상황 속에서 상대가 지니고 있던 내적 모순을 헤아리고, 상대와 그 시대 상황 사이의 긴장관계 속으로 들어가 상대의 텍스트에서 여전히 읽혀지지 않은 사상적 요소를 건져내야 한다. 텍스트에서 삶의 태도를 읽어내고 그 삶의 태도를 당대의 역사에 비추어 이해하되 섣불리 시대 상황으로 환원해서도 안 된다. 왜냐하면 상대가 자신의 시대 상황 속에서 자각적으로 택한 지적 위치와 사고의 행방은 상대의 사상적 함량을 결정하는 고유한 지점이기 때문이다.

그리하여 역사상 인물과 만난다는 것은 육신은 죽은 상대를 사상적으로 되살려내는 시도일 수 있다. 역사상 인물과의 만남이란 문자로 남겨진 자료에 생의 호흡을 주입하는 것이며, 상대가 살아 있기에 상대를 향한 자신의 이해 방식을 거듭 되묻는 것이며, 상대가 살아 있기에 기존의 역사 인식에서 비어져 나오는 사상사적 요소를 상대에게서 발견해내는 것이다. 현재의 관념에 끼워 맞추거나 오늘날의 지식으로 분류할 수 없는 요소를 상대에게서 발굴해낼 때, 육체의 생을 잃은 과거의 인간은 사상적으로 되살아나게 된다.

19 28쪽

1장 사상적 만남

23

루쉰과의 만남

다케우치 요시미를 향해 쑨거가 이렇듯 버거운 시도에 나설 때 그녀에게는 기댈 만한 참조축이 있었다. 바로 다케우치가 이러한 사상적 만남을 먼저 기도한 적이 있었다. 다케우치는 자신에게 사상의 원점이 될 인간을 발견했으며 일생 동안 그 인물을 탐구했다. 바로 루쉰이다. 쑨거가 밝히듯이 그녀는 다케우치 요시미의 『루쉰』으로부터 만남의 이미지를 얻었고 『다케우치 요시미라는 물음』을 쓸 때 다케우치가 『루쉰』에서 책정한 방식을 의식적으로 운용했다. 따라서 쑨거와 다케우치 요시미의 만남을 이해하기 위한 복선으로서 먼저 다케우치 요시미와 루쉰의 만남에 다가가야 할 것이다. 『다케우치 요시미라는 물음』의 본문도 1부 '루쉰과의 만남'으로부터 시작된다.

다케우치 요시미는 1953년 『루쉰 입문』이라는 책을 펴내며 루쉰과의 만남을 이렇게 기록했다.

> 루쉰과의 만남은 내게 행복한 사건이 아니었다. 만남 자체가 행복하지 않았고 결과도 행복하지 않았다. 만약 그때 내가 불행하지 않았다면 나는 루쉰과 못 만났을지 모른다. 나의 불행이 루쉰을 발견하도록 나를 이끌었다. 루쉰을 알게 되자 나는 행복해질 수 없었다. 하지만 자신의 불행을 알 수 있었다. 행복해지는 것보다 그것이 내게는 '위안'이었다.[20]

20 竹内好, 「読者へ」, 『魯迅入門』, 東洋書館, 1953, 4쪽.

사상의 번역

인용구에서는 만남과 불행이 뒤얽혀 있다. 다케우치는 불행했기에 루쉰을 만날 수 있었다. 루쉰을 만난 결과 다케우치는 불행했으며 자신의 불행을 깨달았다. 그것이 자신에게는 행복보다 큰 위안이었다.

이렇듯 중층적인 불행의 의미를 헤아리려면 문면文面만으로는 부족할 테니 루쉰과의 만남이 발생하던 시대의 정황 그리고 개인의 이력을 살펴봐야겠다. 다케우치가 『루쉰』을 탈고한 것은 1943년의 일이다. 다케우치는 확실히 불행한 시대에 루쉰을 만났다. 다케우치 요시미는 중국 문학 연구자였다. 1937년 중일전쟁이 일어나 자신이 애정을 갖는 중국 땅을 조국이 침략했다. 자신 또한 동원되어 군인으로서 그 땅을 밟아야 할 운명이었다. 『루쉰』 원고를 11월에 일본 평론사에 넘긴 뒤 12월 1일 소집영장이 나와 그는 사흘 뒤 동부 제64부대에 입대했다. 그리고 12월 28일 중국 후베이성 쉬엔닝에서 보병 제88대대에 배속되었다.

다케우치 요시미는 『루쉰』을 '각서'라고 부른다. 동시에 그의 "처녀작"이다. 하지만 『루쉰』은 '유서'와도 같은 작품이다. 다케우치는 전후인 1952년 창원문고판 발문에서 "『루쉰』은 내게 애착이 가는 책이다. 내몰리는 느낌으로, 내일의 생명이 보장되지 않는 환경에서 이것만은 써서 남겨야지 생각한 것을 힘을 다해 토해낸 책이다. 유서라고 할 만큼 거창하지는 않더라도 거의 그러한 심경이었다"[21]고 적는다. 다케우치는 징집을 앞두고 두문불출하며 『루쉰』의 집필에만 매달렸다. 그는 자기가 죽음으로 향할 것을 알고 있었다. 대신 생의 증

21 다케우치 요시미, 「창원문고판 발문」, 『루쉰』, 서광덕 옮김, 문학과지성사, 2003, 189쪽.

거를 써내려고 했다. 『루쉰』의 집필은 유서를 쓰는 행위였던 것이다.

다케우치 요시미는 탈고하고 사흘 뒤에 《중국문학월보》의 동인이었던 마쓰에다 쓰게오에게 편지를 보냈다. "저는 고심 끝에 가까스로 『루쉰』을 손에서 떠나보냈습니다. 어쩐지 꺼림칙한 기분입니다. 적어도 기쁘다는 감정은 생기지 않는군요. 후회(무엇에 대한 후회인지 모르겠으나) 같은 느낌, 적막의 감각만이 남습니다. 이런 것일는지요. 그마저 루쉰의 영향 탓일까요. 어찌되었건 저는 이런 것을 처음 경험했습니다."22 징집당하기 전에 탈고해 천우신조로 여겼던 기쁨을 한 측에 두더라도 이 적막 쪽이 더욱 진실하게 느껴진다. 진실하다기보다 그의 사상적 본질에 더 가깝다고 여겨진다.

이처럼 다케우치의 '불행'에는 개인의 처지와 시대의 굴곡이 뒤얽혀 있었다. 다케우치는 루쉰의 작품을 읽고 『루쉰』을 써내며 자기 힘으로 해결할 수 없는 불행을 응시했다. 시대의 문제도 자신의 문제도 해결할 수 없기는 마찬가지였다. 『루쉰』 집필은 안에서 끓고 있는 자신의 심경을 바깥으로 토해내고, 토해낸 내용물을 확인하는 계기였다. 그리하여 작가에게 만족감과 해방감을 안겨주었다기보다 자기 안의 불행과 적막감을 확인시켜준 작품이었다.

하지만 다케우치는 『루쉰』을 매개해 자신과 시대의 불행을 자각했으며, 그랬기에 『루쉰』을 통해 생애를 관통하는 기본 사상을 형성할 수 있었다. 쑨거는 말한다. "만약 『루쉰』을 다케우치의 사상적 원점으로 받아들이지 않는다면, 일본 문학이나 일본 사상을 두고 그가 꺼낸

22 1943년 11월 21일 마쓰에다 쓰게오에게 보낸 편지. 「竹内好の手紙(上)」, 『辺境』 5호, 記錄社, 1987, 51쪽.

사상의 번역

발언은 이해할 수 없을 것이다. '루쉰'이야말로 다케우치가 일본 사상과 일본 문학에 육박하는 계기"였다.[23]

확실히 패전 뒤 생환한 다케우치는 전후 사상계에서 활동할 때 『루쉰』을 자신의 사상적 길목으로 삼았다. 그는 곧잘 이렇게 말한다. "루쉰을 통해 생각하던 것을 조금씩 다른 대상 내지 분야에 적용해 평론을 쓰기 시작했다." "부끄럽지만 『루쉰』을 다시 읽으면 잊고 있었던 문제의식이 되살아난다." 그만큼이나 루쉰은 다케우치 요시미에게 사상의 기축이었다. 하지만 삶의 기축이었기에 사상의 기축도 될 수 있었다.

다음은 다케우치가 전후에 들어 세 번째로 발표한 「후지노 선생」에 나오는 구절이다.

> 루쉰이 사랑한 것을 사랑하려면, 루쉰이 증오한 것을 증오해야 한다. 루쉰을 센다이로부터, 따라서 일본으로부터 떠나게 만든 것들을 증오하지 않은 채 루쉰을 사랑할 수는 없다. 루쉰은 말한다. "나는 내가 미워하는 자들로부터 미움을 사기를 즐긴다." 나는 사랑을 결정結晶할 만큼 강한 미움을 갖고 싶은 것이다.[24]

회심을 구해

23 177쪽.
24 竹内好,「藤野先生」,
『近代文學』2, 3월 합병호,
近代文學社, 1947.

쑨거에게는 다케우치 요시미가 사상과 삶의 기축이었다. 쑨거는 이렇게 표현한다. "다케우치 요시미와의 만남은 내게 생애에 걸친 '회심'을 형성하기 위한 매개가 되었다."[25]

내가 '기축'이라고 불러둔 것을 쑨거는 '회심回心'이라는 말로 표현하고 있다. 나는 이 말을 주목하고 싶다. 회심의 사전적 의미는 '마음을 돌려먹다' 정도가 되겠지만, 심心에 중심이라는 의미도 있음을 감안해 회심을 풀어본다면 '회귀하는 중심'이 된다. 그리고 이 말 역시 다케우치 요시미가 쓴 『루쉰』에서 먼저 등장하고 있다. 다케우치는 루쉰의 무엇을 써내려고 했던가. 루쉰의 회심으로 파고들어 그것을 형상화하려고 했다. 그로써 자신의 회심을 구하고자 했다.

『루쉰』에서 다케우치는 이런 방법을 사용했다. 루쉰의 생애 가운데 어떠한 변화가 일어났는지가 아니라 어떤 부분이 변하지 않았는지에 집중한다. 루쉰처럼 살아간 자가 시대의 부침 속에서 변하지 않았다면 되레 이상한 노릇이지만, 다케우치는 생애의 굴절과 사고의 변천을 좇기보다 루쉰의 결정적 한 시기를 정하고자 결심했다. 루쉰 역시 시대에 부대끼고 시대와 함께 동요했지만, 다양한 루쉰의 현현을 낳는 본질적 루쉰을 낳은 시기가 있으며, 다케우치는 이를 일러 회심의 시기라 명명했다. 그의 말을 직접 옮겨보자. "모든 사람의 일생에는 어떤 결정적 시기가 있게 마련이다. 여러 요소가 요소로서의 기능적 형태가 아니라, 일생을 돌면서 회귀하는 축으로 형성되는 시기가 있을 것이다."[26]

회심의 시기는 생애를 관통하는 기본 사상이 형성되는 시기다. 루쉰을 루쉰으로 만드는 시기다. 다른

25 21쪽
26 다케우치 요시미, 「3장 사상의 형성」, 『루쉰』, 58~59쪽.

사상의 번역

상황과 조건에 처하고 다른 문제를 맞닥뜨린다면 발상과 표현이야 달라지겠지만, 그것들 모두는 같은 장소에서 발한다. 그리하여 다케우치는 개인에게서 사상을 뽑아내는 대신 거꾸로 겉으로 표현된 복잡한 표상을 회심으로 되돌려 하나의 인간상을 구축하고자 했다.

루쉰의 일생은 모순으로 점철되어 있다. 루쉰은 죽음과 삶, 추억과 현실, 절망과 희망, 농촌과 도시, 문학과 정치 사이의 긴장관계로 충만한 결합체다. 다케우치는 동動을 정靜으로, 쏟아낸 빛을 그림자로, 다양한 요소를 일신으로 되돌렸다. 그렇다면 루쉰의 삶을 구성하는 다양한 요소들-전기, 작품, 논쟁 등은 루쉰의 삶에서 '회귀의 축'을 둘러싸고 존재하는 유기적 구성 요소가 된다.

그러나 다양한 요소를 회귀의 축 한 점으로 끌어모으면, 그 요소들은 쉽사리 섞이지 못하고 서로 첨예한 모순을 품고 있음이 드러날 것이다. 그 모순이 드러난 자리가 루쉰의 삶과 사상으로 들어서는 진입로가 되어준다. 다케우치는 진화의 단계를 설정해 루쉰의 생애를 입체적인 듯 실은 평면으로 만들어놓는 방식 대신 이 방법을 택했다. 이 방법은 지난한 작업을 요구하며, 작가 자신의 그만한 절실함이 없다면 불가능하다.

이렇듯 상대에게 다가가겠다는 절박함으로 어떤 작가는 상대와의 만남을 매개해 자신을 파고든다. 상대의 회심을 찾아나서 자신의 회심을 구한다.

2장   내재하는 중국

번역과 타자

『다케우치 요시미라는 물음』은 5부로 구성되어 있다. '1부 루쉰과의 만남' '2부 문화-정치의 시좌' '3부 전쟁과 역사' '4부 뒤얽히는 역사와 현재' '5부 근대를 찾아서'다. 쑨거는 자신이 읽어낸 다케우치의 여러 면모를 이런 구성으로 배치했다. 동시에 이것은 쑨거가 자신의 고뇌를 나눠 담은 구성이기도 했다. 그러나 나는 이 구성을 그대로 따르지는 않을 것이다. '다케우치 요시미라는 물음'을 제목으로 취한 이 책에 관해 쓰려면, 책의 내용을 충실하게 정리하기보다는 나름으로 다케우치 요시미라는 물음을 재구성해가는 편이 이 책의 문제의식을 계승하는 방법이라고 믿기 때문이다.

『다케우치 요시미라는 물음』의 1부 '루쉰과의 만남'은 1장 「지나학자들과의 논쟁」으로 시작된다. 쑨거는 다케우치 요시미가 '지나학자들과의 논쟁'을 거치면서 사상과 감정의 면에서 '루쉰과의 만남'을 위한 준비를 마쳤다고 보고 있다. 우리 역시 다케우치가 『루쉰』을 써내기까지의 과정에 조금 더 머무르도록 하자.

다케우치는 『루쉰』을 써내기 전 지나학자들과 그야말로 백병전을 치렀다. 유례없는 논쟁의 경험과 거기서 비롯된 고독감을 끌어안으며 어둠을 품은 채 빛을 뿌리는 한 명의 중국 문학가에게로 다가갔다. 그러나 다케우치가 루쉰을 만나 얻은 것은 위로가 아니었다. 차라리 불행이었고, 불행을 직시할 눈과 힘이었다.

그런데 다케우치는 왜 논쟁했던가. 당시의 지적 환경을 살펴보자. 다케우치는 한학에 반발해 지나학支那學이 부상한 시기에 대학을 다녔다. 가령 지나학의 개조라 할 가노 나오키狩野直喜는 한학은 경사자집經史子集 같은 중국 고전을 다룰 뿐 그것을 만들어내는 문화 전체는 보지 못한다고 비판했다. 반면 지나학은 프랑스 시놀로지 Sinology를 본받아 '과학성'에 입각해 다양한 각도에서 중국을 일반 학문의 대상으로 삼겠다고 표방했다.

이런 지적 환경에서 다케우치는 1934년에 도쿄제국대 지나철학·지나문학과를 졸업했다. 그리고 졸업하자마자 중국문학연구회를 결성했다. 스물네 살이었다. 이듬해에는 《중국문학월보》를 발간했다(60호부터 《중국문학》으로 제목이 바뀐다). 《중국문학월보》는 초기에 성격이 불분명해서 한학자와 지나학자의 글이 함께 실리고 논조도 혼란스러웠다. 그러나 다케우치 요시미는 기존의 관료화된 중

국 연구를 부정하고 살아 있는 중국과 대면하겠다는 목표를 내걸고
는 점차 한학과 지나학을 향해 비판의 창끝을 예리하게 다듬어갔다.

다케우치는 모임과 잡지의 이름을 '중국문학'이라고 단 것에 대
해 이렇게 설명한다. "나는 자신을 남과 구분하고픈 욕망을 느꼈다.
한학이나 지나학의 전통을 뒤엎으려면 중국 문학이라는 명칭이 반
드시 필요했다."**27** 다케우치는 우선 과거를 답습하는 한학의 수구
성과 경직성이 불만이었다. 더구나 한학은 중국의 고전에서 국적을
빼앗아 일본화하며 이데올로기적 도구로 기능했다. 그러나 다케우
치는 한학을 쇄신했다는 지나학이 더욱 불만이었다. 지나학은 과학
성이라는 명목 아래 중국 연구를 체계적이고 실증 가능한 학문으로
정립했지만, 그로 인해 중국은 연구 대상으로 전락하고 중국 연구자
는 주체성을 잃어갔기 때문이다. 다케우치는 인간의 정신 활동을 모
두 지식으로 변환하고 거기에 과학이라는 이름을 덧씌우는 행태가
참을 수 없었으며 이를 '관료화된 학문'이라고 비꼬았다.

보다 중요한 사실로서 다케우치는 한학과 지나학이 '외국학'의
성격을 제대로 갖추지 못한다고 비판했다. 즉 타자 인식의 문제를
겨냥했다. 범박하게 물음을 던져보자. 타자는 안에 있는가 바깥에
있는가. 이것은 타자론이 끌어안은 기본적 딜레마다. 타자가 안에
있다고 한다면 타자는 타자성을 잃는다. 타자가 바깥
에 있다고 한다면 타자는 실체화되어 타자로서의 의
미를 잃는다. 한학과 지나학은 각각의 편향에 빠져 있
던 것이다.

27 다케우치 요시미, 「지나와 중국」, 『다케우치 요시미 선집 2』, 윤여일 옮김, 휴머니스트, 2011, 44쪽.

사상의 번역

다케우치 요시미는 《중국문학월보》를 터로 삼아 한학과 지나학에 맞서 논쟁을 펼쳤다. 숱한 논쟁 중 타자 인식과 관련해 특히 주목해야 할 대목은 번역 논쟁이다. 《중국문학월보》는 창간 시기부터 언어의 문제를 중시했다. 1호에서 다케우치는 중국의 대중어 논전을 「시보」에 소개했다. 이후로도 중국의 언어 운동을 보고했으며, 24호에서는 '언어 문제'를 특집으로 삼았다. 아울러 일본인의 중국어 학습에도 관심을 기울여 63호에서는 '사전 특집'을 꾸렸다. 그리고 66호부터 「번역시평」란을 마련했다.

다케우치는 66호의 「편집후기」에서 "번역의 문제는 어학이나 표현의 문제에서 그치지 않는다. 생각하다 보면 결국 인간의 문제에 닿는다"고 적었다.[28] 다케우치는 번역의 문제를 기술적 차원 이상의 '인간의 문제', 즉 사상의 근간에 닿은 문제로 거머쥤다. 그러고서 한문을 훈독하는 식의 직역투 문체를 공격하고는 이렇게 말한다. "나는 오히려 좋은 번역이란 제대로 해석된, 따라서 해석의 한계를 자각한 태도로부터 나온다고 믿는다."[29] 즉 좋은 번역이란 번역자가 원문을 곧이곧대로 옮기는 게 아니라 원문의 한계까지 해석해 해석의 한계를 문장에 담은 것이다.

다케우치의 글은 곧 반향을 일으켰다. 이 글에서 비판을 받은 요시카와 고지로吉川幸次郎는 반론을 제기했고 《중국문학월보》에 둘 사이의 왕복서한이 발표되었다. 요시카와 고지로는 당대 최고의 지나학자로서 중국어 실력이 출중했다. 요시카와는 번역을 기술의 각도에서

28 竹内好, 「編輯後記」, 「中国文学」 66호, 1940, 6쪽.

29 竹内好, 「翻訳時評 二」, 「中国文学」 70호, 1941.

접근하여 중국어를 제대로 연마한다면 좋은 번역에 이를 수 있다고 강조했다. 그리고 자신의 번역이 얼마나 올바른지를 논증했다. 그러나 다케우치는 답장을 하면서 번역의 올바름을 따지기보다 번역의 입장을 추궁했다.

> 문학에서 말이란 절대로 '있는 것'이다. 여기서 태도가 뚜렷하게 갈리는 것이 아닐까 생각한다. 주체적으로 쥘 것인가 방관자로 설 것인가. (……) 이것은 번역만의 문제가 아니다. 내게는 지나 문학을 있게 하는 것이 나 자신이고, 요시카와 씨에게는 지나 문학에 무한히 접근하는 것이 학문의 태도다.**30**

인용구에서 다케우치는 번역의 문제를 중국 연구의 문제로 옮겨놓았다. 인용구는 내용이 불투명하지만 중국을 향한 '이중의 거리감'만큼은 선명하게 드러난다. 첫째, 말이란 혹은 중국적 현실이란 절대적으로 있는 것이다. 그것은 번역자나 일본의 중국 연구자의 해석으로 환원되지 않는 타자로서 존재한다. 둘째, 말의 번역이란 혹은 중국 연구란 주체성을 거머쥐어야 가능하다. 말의 절대적 존재를 발현하려면 번역자는 주체적으로 독해해야 한다. 번역자는 말의 절대성을 믿되 그 절대성에 이르는 일이 지난하다는 긴장감 가운데서 번역자의 말을 실현해야 한다. 거기서 번역자는 "해석의 한계를 자각한다." 이때 한계란 원문의 한계가 아닌 번역자 자신의 해석의 한계다. 따라서 번역은 번

30 竹内好,「翻訳論の問題」,「中国文学」72호, 1941.

역자가 자신의 존재를 되묻지 않는다면 성립되지 않는다. 이는 중국 연구 또한 마찬가지다.

우리는 여기서 다케우치의 논리를 인식론의 문제로 좀 더 확장해볼 수 있다. 인식이란 인식 주체가 대상을 표상하고 언어로서 가시화하는 영위다. 따라서 대상이 무엇인지가 유일한 관건은 아니다. 대상은 어떻게 지각되고 그 지각은 어떻게 표현으로 전환되는지도 마찬가지로 중요하다. 그런데 어떠한 경우에도 인식 행위는 대상 전체를 감쌀 수 없다. 아울러 어떠한 마찰도 겪지 않고 대상에게 접근해 그 의미를 훼손 없이 건져올 수도 없다.

그렇다면 결국 인식이란 대상의 일부를 의식적으로 비틀어 짜내 자신에게로 끌어오는 영위일 따름이다. 그리고 진정 대상 속으로 진입하려면 역설적으로 그 시도의 무망함을 직시해야 한다. 인식의 가능성을 위해 인식 주체는 인식의 불가능성을 잊어서는 안 된다. 대상을 총체적으로 파악할 수 있으며, 대상에게 투명하게 다가갈 수 있다고 여긴다면 인식이 지니는 책임의 한계가 사라지고, 그것은 실상 무책임한 인식을 낳는다. 따라서 대상을 인식하려면 자신의 존재를 먼저 추궁해야 한다. 그리하여 다케우치에게 중국 연구의 태도란 "대상을 향해 무한히 접근해가는" 것일 수 없었다. 중국이라는 타자는 자신의 존재와 분리될 수 없었다. 뒤에서 밝히겠지만 그에게 중국은 '내재하는 중국'이어야 했던 것이다.

방황과 좌절

분명 다케우치 요시미는 여느 중국 연구자와 달랐다. 그에게 중국은 그저 타국이 아니었다. 중국은 바깥에 놓인 연구 대상이기 이전에 자신과 대면하는 매개였다. 그리하여 다케우치는 타국 연구가 타국에 관한 지식을 축적하는 데 머무는 게 아니라 연구자가 타국 연구를 통해 자기 지식의 감도를 되묻고 자신의 모어 사회에서 사상적 실천에 나설 때 그것을 자양분으로 삼을 수 있음을 실증해 보였다.

그것이 가능했던 것은 다케우치가 중국을 향해 이중의 거리감을 간직했기 때문이다. 거꾸로 그가 이중의 거리감을 간직할 수 있었던 것은 그에게 중국 연구란 그저 지적 영위가 아니라 삶의 방식이었기 때문이다. 그렇다면 여기서 이러한 이중의 거리감은 무엇인지 그리고 어떻게 형성되었는지를 추적해보도록 하자.

훗날 오십대에 들어선 다케우치는 「방법으로서의 아시아」라는 강연에서 자신이 '중국 연구'를 마음먹게 된 계기는 대학 수업이 아니라 1932년 대학 시절에 떠난 베이징 여행이었다고 밝힌다. 그는 말한다.

> 베이징이라는 도시의 풍경에도 감탄한 바가 있지만, 그것만이 아니라 거기 사는 사람들이 저 자신과 몹시 가깝다는 느낌이 들었습니다. 저처럼 생각하는 사람이 있다는 사실에 감동했던 것입니다. 당시 우리는 대학의 중국 문학과에 적을 두고 있으면서도 곤란했

사상의 번역

던 것이, 중국 대륙에 우리와 같은 인간이 실제로 살고 있다는 이미지는 당최 떠오르지 않았죠.[31]

다케우치는 베이징에서 "실제로 살고 있는" 사람들을 만났고, 그들이 "자신처럼 생각하고" 있다는 데 감동했다. 그리고 이 체험을 중국의 인간을 빠뜨린 지나학 수업과 대비했다. 지나학 '수업'의 맞은편에 베이징 '여행'이 있는 것이다.

그리고 대학을 졸업하고 나서 1937년 10월 다케우치는 베이징으로 유학을 떠난다. 최초의 장기 체류였다. 7월에 루거우차오盧溝橋 사건이 발발한 직후였다. 다케우치는 지난 베이징 여행의 좋은 기억도 있고, 당시가 시국의 격변기였기 때문에 유학 생활에 큰 기대를 걸었던 모양이다.

그러나 유학 생활은 기대에서 크게 벗어났다. 베이징에는 일찍이 다케우치가 감탄했던 지난날의 경관은 남아 있지만 지난날의 혼은 사라진 상태였다. 앞선 베이징 여행에서 다케우치는 '자신과 닮은 사람'을 만났다며 고무되었지만 이번 유학 생활에서는 진공 지대를 떠도는 듯한 고독감에 사로잡혔다.

당시 베이징은 일본군에게 점령당했으며 베이징의 주요 인사들은 대부분 난징, 충칭, 쿤밍 등지로 떠난 상태였다. 다케우치는 자신의 바람처럼 베이징의 지식인과 교류할 수가 없었다. 그렇다고 일본 경관이 서성이는 베이징에서 일본인이라는 이유로 시달릴 일도 없었다. 그

31 다케우치 요시미, 「방법으로서의 아시아」, 『다케우치 요시미 선집 2』, 35~36쪽.

는 방황했다. 그리고 실망했다. "베이징에 오고 나서는 날마다 전쟁에서 멀어지는 느낌이 든다. 이것이 현지란 말인가, 나는 자주 자문했다. 적어도 내가 만난 한에서 현지의 사람들은 잃어버린 문화의 건설에 대해 무기력하거나 냉담하다."[32]

그러나 당시 베이징은 다케우치의 눈에 비친 것처럼 무미건조하고 한적한 상황이 아니었다. 일본 측 관료와 중국 측 실력자들 혹은 국민당과 공산당의 인사들 사이에는 때로 피 튀기는 치열한 경합과 교섭이 진행 중이었다. 그러나 다케우치는 베이징의 실상을 파고들지 못했으며, 그래서 조바심을 냈다. 이어지는 구절이다.

> 나는 이번 여행에서 문화를 정치로부터 구분해내기 어렵다는 사실을 사무치도록 느꼈다. 비유컨대 길가에 서 있는 나무 한 그루 풀 한 포기에서도 정치가 느껴지는 일본처럼 기구가 복잡하고 그만큼 의제가 많은 곳에 있다가 사실상 군정 지역인 이곳으로 오면 실로 이런 인상이 짙어진다. 오는 길 내내 나는 이것을 느꼈다. 군사와 정치와 문화는 마치 하나의 촉수처럼 움직인다. 어째서 기초적 공부를 해두지 않았는지 후회스러웠다. 복잡한 현상을 처리하는 것은 하나의 인간적 능력이리라. 이런 시대에는 고립된 학문의 권위가 통쾌하게 실추된다. 인간적 능력 혹은 기본적 인식을 결여했을 때의 쓸쓸함이란 참으로 견디기 힘들다. 이 점은 모쪼록 명기해두고 싶다.[33]

32 竹內好,「北京通信 一」,「中國文學月報」 33호, 1937.
33 같은 글.

사상의 번역

다케우치는 정치와 문화가 뒤얽힌 현지에서 갈피를 잡지 못했다. 결국 현지에 대한 실망은 자신의 무력감과 쓸쓸함으로 번져갔다. 역사가 눈앞에 있는데도 역사로 진입하지 못해 답답했다.

베이징 유학에서 겪은 좌절은 그의 중국 연구에서 두고두고 자양분이 되었다. 유학에서 돌아온 그는 그 좌절을 곱씹으며 사상을 전개해갔다. 먼저 중국 침략 전쟁의 의미를 정면으로 묻고 중국의 실상을 표상할 수 있는 언어를 구했다. 이를 위해 지금껏 자신이 기대어왔던 학문의 결함을 직시하고 일본의 아카데미즘을 철저하게 비판했다.

그가 돌아와서 작성한 글로서 「지나를 쓴다는 것」이 있다. 여기서 다케우치는 중국을 묘사한 일본 문학자의 작품을 거의 전면 부정하고는 창끝을 자신에게로 향한다.

문학자가 중국에 가기 전부터 알고 있던 내용을 중국에 갔다 와서 쓰고 있어서야 되겠는가. 이것은 이렇고 저것은 저렇다고 단정한다. 조금도 새로운 발견 같은 건 없다는 듯이 뭐든 안다는 태도로 설명을 늘어놓을 뿐이다. (……) 어느 누구 하나 중국을 집요하게 응시하고 돌아온 자가 없다. 움찔움찔하며 두려운 듯 멀찌감치 떨어져서 바라본다. 그래서 인간의 얼굴은 못 보고 '지나인'만이 눈에 띈다. 그렇게 시력이 좋지 않은데도 문학자라 부를 수 있을까. 루쉰처럼 차가운 눈의 소유자는 없단 말인가. (……) 그동안 만만찮게 술을 퍼마시고 폭언을 쏟아냈다. 폭언을 쏟은 것은 후회하지 않는다. 하지만 폭언을 쏟을 만한 결의가 없는데도 폭언을 쏟아낸 것은 고통스럽다. 비참한 일이다."[34]

이 글 역시 논리가 엉켜 있다. 그러나 다케우치의 고민만은 또렷하게 드러난다. 자신을 포함해 일본의 문학자는 중국의 현실을 담아내는 데 실패하고 있다는 것이다. 그리하여 그의 비판은 중국의 현실을 알지도 못하면서 그럴듯하게 말을 늘어놓는 지식인과 그런데도 그들에 맞설 만한 사상의 힘을 기르지 못한 자신에게로 향한다.

인간의 얼굴

비록 사상의 힘은 부족했을지언정 다케우치 요시미는 일본의 문학자는 보지 못한 '인간의 얼굴'을 보려고 마음먹었다. 지나인이라는 표상을 넘어 구체적 인간과 부대끼고자 노력했다. 「지나를 쓴다는 것」보다 먼저 발표한 「지나와 중국」이 그 증거다. 이 글 역시 베이징 유학 시절의 방황을 담고 있다.

    먼저 이 글은 제목이 암시하듯이 '지나'와 '중국'이라는 말을 구분하고는 유래를 설명한다. 중국은 중화나 화하華厦처럼 오래전에 생긴 말이다. 한편 지나는 보다 나중에 출현한 말로 외국인이 중국을 부르던 소리를 한자로 옮겨 적은 것이다. 그리고 일본에서는 다이쇼기를 거치면서 지나라는 말에 멸시의 뉘앙스가 스며들었다. '지나학'도 바로 천하였던

34 竹内好, 「支那を書くということ」, 『中國文學』 81호, 1942.

중국을 하나의 대상세계로 끌어내리려는 어감을 간직하고 있다.

그런데 기존의 지나학에서 자신을 끄집어내고자 '중국 문학'을 굳이 자기 활동의 이름으로 삼았던 다케우치는 이 글에서 도리어 중국보다는 지나라는 말에서 느끼는 애착을 전한다. 마침 당시 일본의 지식계 안에서는 지나가 중국인을 업신여기는 말이니 지나 대신 중국을 사용하자는 주장이 나왔다. 선의도 있었겠고, 교착 상태에 빠진 중일전쟁을 타개하려는 계산도 있었겠다. 하지만 다케우치는 묻는다. 그게 진정 중국인들의 마음을 알고서 하는 소리인가. 그리하여 중국보다 지나가 여전히 자신에게 어울린다며 지나를 고른다. 하지만 조리 선 이유는 대지 못한다.

> 그런데 나는, 일찍이 중국이라고 입에도 담고 붓으로도 적었던 나는, 지금 입에 담고 붓으로 적기가 영 꺼림칙하다. 이런 변화는 언제쯤 일어났던가. 2년간 베이징에 살게 되면서부터 나는 지나라는 말에서 잊고 있던 애착을 느끼기 시작했다. 벌써 익숙해진 말인데도 문득 입으로 꺼내면, 이제 와서 뭔가 불편한 중국이라는 울림. 말이란 이토록 부질없이 사람을 놀리는가. (……) 나는 어떤 이치가 있어 중국을 싫어한 게 아니다. 나는 지나가 내게 어울린다고 직감했다. 지나야말로 내 것이다. 다른 무엇보다도 그게 지금 내 심정에 들어맞는다. (……) 나는 다만 말의 옛 가락을 사랑하며 그것을 변변찮은 생의 위안으로 삼고 싶을 따름이다. 이 마음의 풍경을 어찌 전해야 좋단 말인가![35]

본인이 지나와 중국의 유래를 기껏 설명해놓고도 "어떤 이치가 있어" 지나를 고른 것이 아니란다. '이치'를 설명하는 대신 이후에는 인력거로 거리를 거닐던 때의 감상을 늘어놓는다. 인력거를 타면 "감동 없는 지상"에서 벗어나 잠시나마 해방감을 만끽한다. 사고의 힘이 되살아난다. 그러다가 문득 생각한다. 인력거꾼, 목덜미로 땀이 번져 오르는 이 사람, "비참하고 안쓰럽고 그런데도 사람을 부끄럽게 만드는 집요한 본능이 넘쳐흐르는 생명체"에게 "나는 무엇을 해줄 수 있을까." 그렇듯 조리 없는 자문이 반복된다.

> 나는 이 남자에게 뭘 해줄 수 있을까. 넝마를 뒤집어쓰고 달리는 기계가 이 물음에 값하는 하나의 인간인지, 또 이렇게 묻는다고 답하는 어떤 방식이 존재할지, 그러한 의문들은 물음이 습관으로 익숙해지자 사라져갔다. 물음은 물음의 의미를 잃고 형식만이 남았다. 나는 이 남자에게 뭘 해줄 수 있을까. 그것만으로도 나의 사고는 상쾌히 질주하기 시작한다. 나는 기계를 잊는다. 나의 사고는 무한으로 뻗어간다. 하늘 색깔이 깊다. 나는 이 남자에게 뭘 해줄 수 있을까. 아아……**36**

길지 않은 이 글에서 "나는 이 남자에게 뭘 해줄 수 있을까"라는 자문은 일곱 번이나 반복된다. '인간의 얼굴'과 마주하는 일은 그만큼 절실했다. 하지만 다케우치는 스스로 답할 수 없는 물음이라는 걸 알고 있었

35 다케우치 요시미, 「지나와 중국」, 『다케우치 요시미 선집 1』, 윤여일 옮김, 휴머니스트, 2011, 48쪽.
36 같은 글, 50쪽.

다. 그저 인력거꾼에게 동전 몇 닢을 쥐어줄 수 있을 뿐이었다. 대신 다케우치는 이렇게 말한다. "인력거꾼에게서 지나인을 발견해 내가 지나라는 말을 쓰게 되었다고 한다면 참 말끔한 설명이 되겠지만 실제로는 그랬을 리 없다."[37] 그는 자신이 만난 인력거꾼을 섣불리 지나인이라는 일반적 표상으로 옮기지 않는다. 그리하여 조리 없는 자문은 이어진다. "나는 이 남자에게 뭘 해줄 수 있을까." 결국 이 자문은 답에 이르지 못한 채 '단절의 의식'만을 드러낸다. 인력거꾼에게 아무리 다가가려 해도 단절의 의식은 지워지지 않는다. 아무리 노력해도 스스로 지나를 고른 마음의 풍경을 설명해낼 수 없다. 그러나 다케우치는 "말끔한 설명"을 거부했기에 살아 있는 지나인과 마주할 수 있었다. 그러고는 다음의 일구가 이어진다.

그들(일본의 지식인-인용자)이 지나인을 경멸하건 하지 않건 내게는 다르지 않다. 그들은 아이들을 구슬리듯 지나인을 동정할 수 있다고 믿는지 모른다. 하지만 지나인에게 그만큼 경솔한 짓은 없다. 동정받아야 할 것은 한 사람의 지나인을 사랑하거나 한 사람의 지나인을 증오하지 못하는 그들 자신의 빈곤한 정신이다. 만약 지나라는 말에 지나인이 모멸을 느낀다면 나는 모멸감을 불식하고 싶다. 언젠가 지나인 앞에서 망설이지 않고 상대의 비위도 신경 쓰지 않고 당당히 지나라고 말할 자신감을 기르고 싶다. 나는 지나인을 존경할 생각은 없다. 다만 지나에 존경할 만한 인간이 살고 있음을 안다. 일본에 경멸해 마땅할 인간이 살고 있듯이.

37 같은 글, 53쪽.

나는 지나인을 사랑해야 한다고 믿지 않는다. 그러나 나는 어떤 지나인을 사랑한다. 그들이 지나인이어서가 아니라 그들이 나와 같은 슬픔을 늘 몸에 간직하고 있어서다.**38**

감히 헤아려본다면, 다케우치가 말한 '같은 슬픔'이란 유럽의 주변부에서 근대화를 겪고 있는 자들의 아픔일지 모른다. 아니, 더욱 개인적인 감상일 수도 있겠다. 아무튼 이 대목에서 중국과 지나라는 어감은 중국에 대한 정치적으로 올바른 입장과 중국인에 대한 개인적인 정감만큼의 거리에서 대응하고 있다.

아마도 저 2년간의 유학 생활은 타국에서 무언가 새로운 지식을 익히는 기간이었다기보다 자신의 깊은 고독을 응시하고 거기서 자신이 살아가야 할 바를 좀 더 뚜렷한 형태로 길어 올렸던 시간이었으리라. 중국은 그저 타국도 자기 바깥에 놓인 연구 대상도 아니었다. 그에 앞서 자기 자신과 대면하는 매개였다. 중국 연구는 지나학과 같은 "죽은 학문"이 아니라 중국을 매개로 자신의 고통과 슬픔을 대상화하는 길이기도 했다. 학문 이전의 그리고 학문적 관계를 감돌고 있는 이러한 만남을 무엇이라 표현해야 한단 말인가. 다만 이렇듯 개인의 정서 속으로 스며든 요소가 없다면, 그의 중국 연구도 생명력을 잃고 말았을 것이다.

그리고 다케우치 요시미는 중국인에게서 '인간의 얼굴'을 봤을 것이다. 하나의 증거로서 다케다 다이준武田泰淳의 글을 인용해둔다. 제목은 「다케우치 요시미의 고독」이

38 같은 글, 55쪽.

다. 다케다 다이준은 중국문학연구회의 절친한 동료로서 전장으로 떠나는 다케우치로부터 『루쉰』의 원고를 건네받아 교정을 보고 발문을 대신 작성하기도 했다.

다케우치는 중국에서 온 유학생도 많이 가렸다. 우리가 봤을 때는 중국인다운 중국인이었을 뿐인데, 다케우치는 곧바로 그들의 개성(더구나 결점)을 분별하곤 했다. (……) 보통이라면 "오늘 진짜 중국 청년을 만나 즐거웠다"며 말 일인데, 다케우치는 만나자마자 호오를 결정했다. 사실 그의 호오는 중국인, 일본인을 가리지 않았다. 헤어지고 나서는 "아무래도 불쾌하다"는 등 우울하게 중얼거린다. 나중에 마음에 드는 구석을 발견하면 몹시 기뻐서 "저건 역시 좋군"이라며 혼자서 만족이다. 그는 참을성 많기로 소문났으며 우리가 사귀던 상대와 갑자기 교제를 끊지는 않는다. 머릿속에서야 여러 가지로 비판하고 재비판하고 있겠지만 우리로서는 알 길이 없다. (……) 마치 바위에 바위의 피부가 있듯 우울함은 그의 얼굴에 새겨져 있다. (……) 중국을 사랑하는 이상 중국인이니까 너그럽게 대한다는 태도는 그에게서 찾아볼 수 없었다. 그의 베이징 일기는 아주 일부만이 발표되었는데, 거기 적힌 내용은 술에 잔뜩 취한 기억 따위이며, 이러이러한 중국인을 만나 감탄했다거나 감동했다는 말은 한 줄도 나오지 않는다. 일반 일본인 사이에서 고독했던 그가 일반 중국인 사이에서 더욱 고독했다면 당연한 이치다. 그러나 전후가 되자 많은 문화인이 갑자기 중일우호를 운운하기 시작하는 가운데 중국과 일본에 걸쳐 있는 그의 철저한 고독감은 뭐라 말할 수 없이 불안하고 기이할 만큼 선명한 인상을 남겼다. 그가 루쉰 연구에 몰입하는 모습은 결국 씻어낼 수 없는 고독감의 그림자이자 밀실이다. 그에 관해서라면 꽤나 알고 있어야 할 나도 바닥의 바닥은 좀처럼 들여다보이지 않는다.**39**

또 하나 꺼내고 싶은 글은 「어느 중국인 옛 친구에게」다. 다케우치 요시미는 중국인에게서 '인간의 얼굴'을 보려고 했고, 한 사람의 중국인을 이해하고 싶었다. 이 글에서 등장하는 다케우치의 옛 친구는 양리엔성楊聯陞이라는 자다. 다케우치의 베이징 유학 시절에 만난 두 사람은 서로에게 자신의 언어를 가르쳐줬다. 두 사람은 막 배우기 시작한 부자유스런 중국어와 일본어를 섞어가며 대화를 나눴다.

당시 베이징에는 다케우치와 같은 일본인 청년들이 많았다. 하지만 다케우치는 좀처럼 그들과 교류하지 않았다. 일본군에 점령당한 베이징 거리에서 일본어로 일본인과 말을 섞는 일이 불편하고 싫었다. 다케우치는 고독을 택했다. 하지만 양리엔성과는 부자유스런 중국어를 사용해가며 교제를 이어갔다. 베이징 유학을 마치고 돌아온 지 한참이 지나고 나서인 1950년에 다케우치는 양리엔성에게 편지를 썼다. 그러나 그는 이 편지를 중국인 옛 친구에게 부치지 않고 '전후가 되자 갑자기 중일우호를 운운하는 많은 문화인'을 향해 일본의 잡지에 발표했다.

39 武田泰淳, 「竹内好の孤獨」, 『現代教養全集』, 筑摩書房, 1959.

사상의 번역

나는 종종 당신을 떠올렸습니다. 타고난 게으름으로 편지 왕래는 못했지만, 어떤 일로 중국을 생각할 때면 어찌된 일인지 연상은 언제나 당신에게로 달려갑니다. 이런 경우 중국인은 어떻게 생각할까라고 스스로에게 물을 때 나는 당신이라면 이 문제를 어떻게 생각할까로 번역해서 생각하는 자신을 발견하곤 합니다. 당신은 고명한 작가도 대학 교수도 아닙니다. 세간에서는 무명이며, 당시는 대학을 갓 졸업하고 나이도 나보다 몇 살인가 적은 한 명의 학자에 불과했습니다. 우리가 알게 된 것도 우연이었죠. 그럼에도 당신은 다른 누구에게나 더욱이 나에게는 본질적 영향을 미쳤습니다. 내게 대표적 중국인이라고 한다면, 먼저 당신을 꼽지 않을 수 없습니다. 당신을 조형해내는 것이 지금껏 나의 중국문학 연구, 나아가 나 자신의 문학적 형성의 동기였습니다. 나의 시도는 여전히 성공하지 못했지만, 당신의 이미지를 또렷하게 쥐고 싶다는 염원은 지금도 변치 않았습니다. 그렇기에 나는 당신과의 기연에 감사드립니다.

(……) 지금도 나의 서재에 앉아 당신의 사진보다 당신의 모습을 더 잘 담고 있는 당신의 서체를 멍하니 바라보며 아무 생각도 없이 생각하는 것은 문학이나 문화의 문제가 아니라 좀 더 개인적인 것, '당시 당신은 어떤 심경이었을까'입니다. 분명 당신의 필적에서 드러나는 표정인 신운神韻은 중국이 간직한 문화의 깊이로부터 나오겠지만, 그것 말고도 다른 무언가가 있는 게 아닐지, 그 기품은 일본에 점령당한 베이징에서 당신이 거리의 은자였다는 사실

과 무관치 않으리라는 것을 나는 최근에야 눈치챘습니다. 부끄러운 이야기입니다만, 전쟁이 끝날 때까지 나는 그것을 알아차리지 못했습니다. 그 시절 매주 한 차례, 어학의 교환교사라는 것은 명목일 뿐 함께 산책하거나 중앙공원으로 바둑을 두러 가거나 하며 어울렸을 때, 참 신기하게도 감정이 통했습니다. 내 생애에서 괴로운, 속히 잊고 싶은 한 시기인 2년 동안, 당신과의 추억만큼은 지금도 더욱 선명해집니다만, 당시 우리는 묵계처럼 시국에 대해서는 한 마디도 꺼내지 않았습니다. 나는 당신을 동정했던 것일까요. 그렇습니다. 불손하게도 동정했습니다. 그리고 당신을 동정함으로써 자신을 동정하고 있었습니다. 그 불손함에 이제와 복수를 당하게 되리라고는 당시에는 미처 몰랐습니다.

한번은 "왜 취직을 않나요"라고 내가 물은 적이 있죠. 당신은 웃으면서 먹고사는 데 어려움이 없어서라고 답했습니다. 그때도 나는 당신이 지닌 슬픔의 깊이를 헤아리지 못했습니다. 지금은 알고 있습니다. 그때 당신의 슬픔이 이제 나의 슬픔이 된 지금, 그것을 알수 있습니다. 문화의 깊이는 축적된 양이 아니라 현재 드러나는 저항의 양으로 측정되어야 한다는 것, 당신을 포함하는 베이징 시민 혹은 모든 중국 민중의 눈에 보이지 않는 저항이 지극히 컸다는 것, 그리고 그 점을 나 자신도 포함해 일본인이 알아차리지 못했고 지금도 충분하게는 알지 못한다는 것, 특히 문화의 문제로서 알아차리지 못한다는 것, 내가 당신을 동정할 생각으로 당신에게 입힌 상처는 문화에 대한 나의 이해가 천박한 데서 비롯되었다는 것을

사상의 번역

나는 이제 깨닫습니다.

(……) 나는 거의 현 상황에 절망하고 있습니다. 여러 움직임이 있지만, 내게는 어느 것도 전쟁 중에 있었던 일들과 본질적으로 달라 보이지 않습니다. 일본과 중국을 이어줄 유대는 인민적 규모에서 아직 기반이 마련되지 않은 듯합니다. 이에 관한 내 의견은 편지로 보고하지 않더라도 최근에 나온 나의 잡문을 보신다면 이해해주시리라고 생각합니다. 일본인인 중국문학 연구자로서 나는 문장을 쓸 때 언제나 내게 전형적 중국인인 당신을 독자의 기준으로 삼지 않을 수 없습니다. 당신의 만수무강을 기원합니다.**40**

이중의 거리감

이제 '이중의 거리감'이라고 불러둔 것을 정리할 때다. 다케우치 요시미는 "한 사람의 지나인"을 사랑하고 슬픔을 공유하려 했다. 그는 중국인 일반에 관한 표상을 갖기보다 구체적 중국인의 마음을 이해하고자 했다. 그러나 이것은 중국을 대하는 다케우치의 거리감 가운데 절반만을 보여준다. 그는 중국인을 향해 다가가고자 했지만, 중국 사회를 향해서라면 섣불리 중국 사회를 이해하고 판단하려 들어서는 안 된다며 인식론적 거리를 유지하려 했다.

「지나와 중국」을 집필하고 나서 3년이 지난 뒤 그는 「현대지나 문학 정신에 대하여」라는 글을 썼다. 「지나와 중국」에서 다케우치가 '지나'와 '중국'을 구

40 竹内好,「中國人のある舊友へ」,『近代文學』 5월호, 近代文學社, 1950.

별하고 지나에서 느끼는 애착을 토로했다면, 「현대지나 문학정신에 대하여」에서 그는 '현대지나'와 '고전지나'를 구분했다. 먼저 고전 지나에 관해 그는 말한다. "'천天'이나 '유교', '중화사상'이라든가, 내려와서는 '현실적 생활 태도'나 '생존 본능' 등 지나인 특유의 성격처럼 회자되는 것들은 물론이고 '종법 사회'나 '동양적 정체성', '아시아적 생산양식'까지 이 모두가 한결같이 고전지나라는 추상에서 도입된 원리들이다."[41] 즉 고전지나는 과거형의 지나일 뿐 아니라 어떤 원리를 가지고 사물처럼 쥐락펴락할 수 있는 대상을 뜻하고 있다. 그리고 현대지나에 관해 그는 이렇게 적는다. "현대지나를 근대로만 이해할 수 있다는 말은 지나가 독자적 근대를 지녔다는 뜻이다."[42] 즉 현대지나는 바깥에서 들여온 잣대 혹은 추상적 원리로는 설명할 수 없는, 자신의 고유한 근대를 개척해간 지나를 가리킨다. 그러고는 이 문장이 나온다.

> 나는 겉으로 드러나는 현대지나의 혼란과 모순은 고전지나를 규범으로 삼아 바깥에서 부당하게 비판할 것이 아니라 외관으로 드러난 모순 자체에서 출발하여 통일을 향한 근대지나의 국민적 염원이 열렬하다는 표현으로 받아들일 때 비로소 이해되리라고 생각한다. 모순은 대상의 모순이 아니라 인식하는 측의 모순이다.[43]

다케우치가 지나를 고전지나가 아니라 현대지나로

41 다케우치 요시미, 「현대 지나 문학 정신에 대하여」, 『다케우치 요시미 선집 2』, 92쪽.
42 같은 글, 94쪽.
43 같은 글, 94쪽.

이해해야 한다고 힘주어 말했을 때, 그 발언은 지나에 대한 정확한 이해를 요구했다기보다 지나에 대한 이해에는 자기이해가 비쳐져 있음을 직시해야 한다는 의미였다. 즉 그는 지나에 대한 인식을 자기 인식의 문제로 되돌리려 했다. "모순은 대상의 모순이 아니라 인식하는 측의 모순이다." 지나에게서 본 모순은 실은 자기모순인 것이다. 따라서 대상을 섣불리 판단하려 들지 말 것이며, 대상을 이해했다고 자신할 때 그것은 대상의 본질을 알아낸 것이 아니라 자신의 관심사가 투영된 대상의 일부를 본 것임을 깨달아야 하며, 대상을 진정 이해하려면 대상이 자신의 이해를 초과해야 하며, 그렇게 대상을 매개해 자기 인식을 갱신해야 한다. 이것이 다케우치가 중국 사회를 대하며 유지하려 했던 거리감이다. 즉 이중의 거리감이란 구체적 중국인의 고뇌에 다가가되, 중국 사회를 섣불리 판단하지 않는 것이었다. 그리고 이중의 거리감에서 그는 중국문학연구회를 거처로 삼아 타자 인식을 결여한 지나학에 맞서 싸웠던 것이다.

　그러나 거기서 그치지 않았다. 이중의 거리감은 다케우치가 중국문학연구회마저 스스로 해산하도록 이끌었다. 유학에서 돌아온 그는 1943년 1월 온몸과 혼을 바쳤던 중국문학연구회를 해산하고 《중국문학》을 폐간하기로 결정한다. 『루쉰』이 나오기 직전이었으며, 쑨거는 이를 두고 "루쉰과 만나기 위한 전제조건을 정비하는 과정"이었다고 이해한다.[44]

　　다케우치가 동료들과 함께 중국문학연구회를 꾸린 것은 1934년의 일이며 10년간의 분투 속에서 연

[44]　32쪽.

구회는 실적을 쌓고 바야흐로 상당한 영향력도 얻었다. 그리하여 1942년에는 대동아문학가회의에 중국 관련 단체로 참가를 종용받기도 했다. 그러나 그는 "불참이 현재로선 가장 좋은 협력의 방법임을 100년 뒤의 일본 문학을 위해 역사에 써 남기련다"[45] 며 불참을 선언했다. 당시로는 끝내 이해를 구하기 어려운 불참하는 그 복잡한 사정을 미래에 써 남긴 것이다. 이윽고 1년 뒤에는 "모임이 나를 부정하지 못했으니 내가 모임을 부정해 내 안의 응어리를 지우고자 한다"[46] 며 중국문학연구회의 해산을 단행했다.

어째서인가. 왜 그는 자신의 거처였던 중국문학연구회를 스스로 해산하고《중국문학》을 폐간했던가.「《중국문학》폐간과 나」에서 나오는 한 구절을 주목하자.

> 자기 대립물로서의 지나를 긍정해서는 안 된다. 존재로서의 지나는 어디까지나 내 바깥에 있지만 내 바깥에 있는 지나는 극복해야 할 대상으로서 바깥에 있기에 궁극에서 그것은 내 안에 있다 할 것이다. 자타가 대립한다는 것은 의심할 바 없는 진실이나 그 대립이 내게 육체적 고통을 안길 때에만 그것은 진실하다. 즉 지나는 궁극에서 부정되어야만 한다. 그것만이 이해이다. 그러려면 지나를 상대하는 지금의 나 자신이 부정되어야만 한다.[47]

이 문장에는 다케우치가 지향하고 있는 타자와의 관

45 다케우치 요시미,「대동아문학가대회에 관하여」,『다케우치 요시미 선집 1』, 66쪽.
46 다케우치 요시미,「『중국문학』폐간과 나」,『다케우치 요시미 선집 1』, 68쪽.
47 같은 글, 78쪽.

사상의 번역

계성이 압축적으로 표현되고 있다. 이 문장 또한 내용이 불투명하지만 "육체적 고통"이라는 표현만큼은 선명하게 눈에 들어온다. 지나는 자기 바깥의 실체로서 존재하는 게 아니라 자기 안의 실감으로서 존재한다. 지나를 궁극으로 부정하는 일은 연구 주체와 연구 대상이라는 안정된 약속을 깨는 자기갱신을 요구한다. 그런데 다케우치는 지나학이 아닌 중국문학연구회를 향해 이 말을 꺼냈다. 이것이 바로 중국문학연구회를 해체한 이유였던 것이다.

쑨거는 이렇게 설명한다.**48** 다케우치는 중국문학연구회마저 고정된 '중국' 이미지에 사로잡혔다는 데 위기감을 느꼈다. 중국이라는 타자가 역으로 일본의 '자기보존' 경향을 강화하는 쪽으로 작용한 것이다. 그리하여 다케우치가 보기에는 중국문학연구회도 한학과 지나학이 맞닥뜨린 문제에 직면했다.

> 중국문학연구회는 한학과 지나학이라는 토양에서 태어났다. 지나학이 한학을 부정함으로써 학문으로 성립되었듯이 우리는 관료화된 한학과 지나학을 부정하여 안으로부터 학문의 독립을 쟁취하고자 했다. 한학이나 지나학은 역사성을 상실했으며, 현실의 지나를 이해하는 일에 무기력하다. 고로 현대 문화와 맺어지지 않는다. (……) 중국문학연구회는 유일했다. 지나를 이해하는 일에서 유일했을 뿐 아니라 현대 문화를 내재적으로 비판하는 일에서도 유일했다. (……) 오늘날에도 중국문학연구회가 부정했던 한학과 지나학은 사실로 남아 있다. 그럼에도 중국문학연구

48 113쪽.

회 자체가 현저히 지나학과 닮아가는 경향을 보이고 있다. (……)
한학과 지나학을 부정하려면 이제 중국문학연구회 자체를 부정할
필요가 생겼다.**49**

한학과 지나학을 부정하여 출현한 중국문학연구회는 한학과 지나
학과 같은 문제에 봉착했다. 그 문제란 무엇인가. 한학과 지나학은
현실의 중국을 이해하지 못했으며 현대 문화에 가닿지 못했다. 즉
다케우치 요시미가 억척스럽게 중국으로 향한 것은 중국을 매개 삼
아 현대 문화를 비판하기 위함이었다. 다케우치는 현실의 중국을 이
해하는 데서 관료화된 현대 문화를 갱신할 수 있는 내적 동력을 구
하고자 했다. 그러려면 연구 주체는 중국이라는 대상을 추상화하거
나 기호화해서는 안 된다. 다케우치는 연구 대상인 중국으로 진입해
온몸과 온 힘으로 체험하고 이해하려 했다. 동시에 그는 중국으로부
터 자신을 부단히 끄집어내 자신이 중국화되는 것도 거부했다. 이렇
듯 '투입하다-끄집어내다'에서 중국과 일본이라는 구획을 넘어 현
대 중국을 일본의 현대 문화를 비판하는 계기로 끌어오고자 했다.
그러나 중국문학연구회가 자신의 결의에 미치지 못하니 어찌할 것
인가. 그는 해산을 단행했다.

내재하는 중국

다케우치 요시미는 중국 연구자였다. 그는 분명히 지

49 다케우치」요시미,
「『중국문학』 폐간과 나」,
『다케우치 요시미 선집 1』,
73~74쪽.

나철학·지나문학과를 나왔고 중국문학연구회를 꾸려 자신의 지적 당파성을 구축했고, 그의 처녀작은 『루쉰』이며, 그는 전전에도 전후에도 끊임없이 중국의 동향을 주시했으며, 죽는 순간까지 『루쉰 문집』의 간행을 손에서 놓지 않았다. 그는 다름 아닌 중국 연구자였다. 하지만 그의 행보를 좇다 보면 기존의 '연구'라는 말로는 담기 어려운 요소를 너무도 많이 발견한다. 그 까닭은 무엇보다 그와 중국의 만남은 연구자와 연구 대상의 관계라고 하기에는 너무나 절실했기 때문이다. 그를 중국 연구자라고 불러야 한다면, 그로써 연구의 일반적 의미가 바뀔 지경이다.

다케우치에게 '중국'이란 단지 자기 바깥에 머물러 실재하는 대상이 아니었으며, 따라서 '중국 연구'도 중국에 관한 확실한 지식을 움켜쥐는 데 그 목표가 있지 않았다. 다케우치의 중국론은 논리적 적합성을 잃은 적도 있었지만, 그 목표는 일관되게 중국인의 마음에 다가가고 그로써 타자를 매개로 한 새로운 자기 인식을 도모하는 것이었다.

다케우치의 사상적 여정을 좇다 보면 시대가 바뀜에 따라 시대의 요청에 부응하듯이 그의 중국 이해도 미묘하게 바뀌어갔음을 알수 있다. 그리하여 그 변화를 따라가는 일이 일본과 중국 사이의 역사적 과제들을 거슬러 오르는 작업에 값한다. 그러나 그 변화는 한곳에서, 한 가지 태도에서 뻗어나온다. 그 태도를 이름 짓는다면, 그자신의 책 제목이었던 '내재하는 중국內なる中國'이 가장 잘 어울릴 것이다.

다케우치에게 중국은 내재하는 타자(내재하는 외부)였다. 타자
는 어디에 있는가. 내 안에 있다. 그렇지 않으면 진정한 타자가 아니
다. 그러나 내 안에 있는 타자는 나에게로 환원되지 않는다. 그리하
여 타자와의 관계는 내게 고통을 안긴다. 자신을 깨뜨리도록 이끈
다. 바로 다케우치에게 내재하는 중국의 가치란 자기를 상대화하고
개방해가는 데 있었다.

따라서 중국 이해는 곧 자기이해로 바뀌어야만 진실일 수 있었
다. 중국을 향해 보낸 그의 시선은 자신을 되묻는 매개로, 자신의 사
회를 성찰하는 방법이 되어 되돌아왔다. 그의 중국론은 일본론이 아
닌 적이 없었다. 다케우치에게 중국으로 다가가는 일은 일본 사회를
향한 천착과 해부에 의해 매개되어야 했다. 전후에도 그는 1970년대
중국과 강화를 이루는 시기까지 이런 태도를 견지했다. "'일본 속의
중국'이라는 문제 설정은 중국 문제를 바깥에 있는 것
으로 여기지 않겠다는 방법적 규정을 포함한다. 이것
이 내게는 전후에 일관된 기본적 태도다."[50]

50 竹内好, 「「日本のなか
の中國」ができない話」, 『竹
内好全集』, 제13권, 490쪽.

사상의 번역

3장   문학과 정치

문학적 태도

다케우치 요시미는 '중국 문학 연구'의 의미를 바꿔놓았다. 아울러 다케우치는 '문학'의 의미도 다시 정의했다. 이제 중국 연구자로서의 면모는 잠시 덮어두고 그의 문학관으로 초점을 옮겨가보자. 아니 문학관이라기보다 '문학적 태도'라고 불러야 할 것이다. 문학을 어떻게 볼 것인지에서 더 나아가 문학으로 어떻게 살 것인지를 논해야 하기 때문이다. 쑨거는 말한다. "다케우치는 늘 '문학'을 자신의 영혼이 돌아갈 거처로 삼았다. 그렇지만 그가 다시 자리를 마련한 문학은 이미 오늘날의 '문학 연구'가 규정하는 의미를 벗어나 개방성과 창조성을 지닌다. 다케우치 요시미의 평생에 걸친 사고와 행동은 일관되게 문학을 원점으로 삼았다. 그것이야말로 그의 사상과 독창적인 견해의 원천이 되었다 할 것이다."[51]

다케우치에게 문학은 하나의 장르가 아니라 일종의 태도였다. 그의 표현을 빌린다면 '태도로서의 문학'이었다. 「지나를 쓴다는 것」에서 다른 문장을 취해보자. "지식은 그것을 부정하는 계기(그것은 정열일 것인가) 없이는 지식으로 살아갈 수 없다. 지식은 부정되기 위해 추구되어야 한다. 이것이 문학의 태도다. 내가 주석을 달지 않고 중국 문학을 말할 경우, 그건 늘 태도로서의 문학을 말한다."[52] 자기부정만이 진정한 부정의 가치를 지니며, 자기부정을 거치지 못한 지식, 바깥에서 주어진 지식은 생명력을 지니지 못한다. 문학이란 태도며, 자기부정적 태도다. 문학가라면 마땅히 유동적 상태로 자기를 갱신할 수 있어야지 굳어버려서는 안 된다.

나는 '문학'에 이어 인용구에서 문학을 형용하기 위해 등장한 '태도'라는 표현도 곱씹어보고 싶다. 다케우치는 행위라는 표현과 함께 태도를 관념과 대립하는 의미로 사용했다. 그렇다고 관념이 행위로 전화될 수 없는 것은 아니다. 오히려 "행위로 일군 관념만이 진정한 관념이다."[53] 관념이 진정 '행위'이려면 부단한 자기부정을 겪어야 한다. 그리하여 태도로서의 문학은 다케우치의 사상적 방식만이 아니라 세계 인식에까지 이른다. 그는 《중국문학》을 폐간하며 문학을 하나의 장르에서 일종의 구조, 더구나 세계사의 철학과 맞서는 세계의 구조로 제시했다.

51 69쪽.
52 竹内好, 「支那を書くということ」, 『中國文學』 80호, 1942.
53 다케우치 요시미, 「『중국문학』 폐간과 나」, 『다케우치 요시미 선집 1』, 72쪽.

오늘날 문학의 쇠퇴는 숨길 수 없는 현실이다. 이를 명명백백 드러낸 것이 대동아전쟁이다. 문학이 쇠퇴한다는 말은 객관적으로 설명하자면 세계가 문학적 구조를 갖지 않는다는 뜻이다. 오늘의 세계는 문학적이기보다 확실히 철학적이다. 오늘의 문학은 대동아전쟁을 다루지 못한다. 그래서 갈팡질팡한다. 그러나 거꾸로 안에서 본다면, 지금이야말로 문학이 원초의 격렬함으로 돌아가기를 요구받는 때라 하겠다. 문학이 쇠퇴했다면 쇠퇴한 문학을 부정하여 되살려내야 한다. 그것만이 새로운 자기를 자기 안에서 낳는다. 바깥 세계에 구애됨 없이 자기 안으로 침잠해 세계를 창조한다. 대동아의 새로운 문학은 바깥에서 주어지지 않으며, 오늘날 쇠퇴한 문학을 자기부정함으로써 부정의 무한한 밑바닥으로부터 자기 자신에게 솟아오르리라.**54**

인용구에서 대동아전쟁이나 대동아 문학이라는 표현이 등장한 이유에 관해서는 설명이 필요할 것이다. 그러나 지금 당장은 대동아전쟁을 지지한 것이 그가 어용학자여서도 군국주의자여서도 아니었다는 점만을 밝혀두겠다. 대신 문학과 철학의 대비에 집중하자.

철학적 구조란 응고되고 추상적이며 행위를 수반하지 않는 관념의 세계를 가리킨다. 철학적 구조에서 세계는 자기갱신의 능력을 잃어버린다. 세계의 철학화란 생의 고갈과 역사의 정태화를 의미한다. 반면 세계의 문학화란 세계가 자기부정의 과정 속에서 부단히 스스로를 갱신하고 창조해가는 것을 뜻

54 같은 글, 72쪽.

한다.

　다케우치에게 문학이란 사상이며, 행위이며, 정치이며, 미학이다. 그러나 문학은 그 모두를 아득히 초월해 그것들을 생산하고 또 지워버린다. 문학은 희망과 아울러 절망마저도 일신에 모아 사상과 정치와 예술을 토해낸다. 그렇듯 다양한 모습으로 자신을 실현하지만 자신은 정해진 틀을 갖지 않는다. 문학은 그것들 모두를 내뿜고 빨아들이는 궁극의 장소다. 그 장소에서 주체는 사상을 정치를 예술을 하며 부단히 자기를 갱신한다.

　다케우치가 이런 문학관을 체득하게 된 계기는 바로 루쉰과의 만남이었다. 그는 『루쉰』을 작성하면서 문학을 하나의 창작 행위로부터 궁극적이며 본원적인 자기갱신의 장으로 끌어올렸으며, 동시에 이런 문학관을 세계관에 접목해 세계관이 유동적 양태를 획득하여 현실에 뿌리내리도록 끌어내렸다.

　다케우치는 루쉰이 계몽가나 사상가이기 이전에 문학가라고 주장했다. 문학가·계몽가·사상가의 구분은 다케우치에게 문학·정치·사상이 그러하듯 범주의 구분이 아니다. 다케우치는 사상가 루쉰과 계몽가 루쉰을 현상으로, 말하자면 문학가 루쉰의 효용으로 보았다. 사상가이자 계몽가로서 루쉰의 현실적 효용은 문학가라는 보다 심연에서 발한다. 다케우치는 『루쉰』에서 다름 아니라 문학가 루쉰에게 이르는 데 자신의 결의를 두었다. 다케우치가 공을 들여 해명하고자 한 그 회심의 시기가 낳은 것은 바로 문학가 루쉰이었다.

사상의 운명

문학가를 가능케 하는 것은 어떤 자각이다. 죄의 자각이 종교인을 만들듯 어떤 자각이 필요하다. 그 자각으로 종교인이 신을 보듯이 문학가는 자유로이 말을 부린다. 말에 지배받지 않고 거꾸로 말을 지배하는 위치에 선다. 이른바 그 자신의 신을 창조한다. (……) 길은 무한하다. 그는 무한의 길을 걸어간 한낱 과객이다. 그러나 그 과객은 언젠가는 무한을 극소로 자기 일신 위에서 점으로 바꿔 스스로를 무한으로 만든다. 그는 부단히 자기생성의 심연에서 솟아오르나 솟아오른 그는 늘 그 자신이다. 이른바 근원의 그다. 그를 일러 나는 문학가라 한다.[55]

『루쉰』의 일구다. 문학가는 말에 지배받지 않고 거꾸로 말을 지배한다. 문학가는 자신의 말로써 자신의 신을 창조한다. 문학가는 모든 것을 빨아들이고 내뿜는다. 그렇게 자기생성을 기도하면서 자신으로 남는다. 바로 루쉰이 그러한 문학가였다. 다케우치 역시 루쉰을 따라 문학의 길을 걷고자 했다.

그러나 다케우치는 자신의 말을 갖지 못했다는 무력감에 시달렸다. 그래서 처절할 만큼 자신의 말을 갈구했다. "문학은 단 하나의 말을 토해낼 뿐이지만 그 단 하나의 말을 토해내려면 타오르는 불길을 손으로 거머쥐어야 한다. 그 행위 없이는 우주의 광대함조차 내게는 공허하다."[56] 자기 언어

55 다케우치 요시미, 「루쉰(초록)」, 『다케우치 요시미 선집 1』, 119쪽.

의 가난함으로 쓰라림을 맛보지 않은 자가 어떻게 루쉰과 같은 문장을 써낼 수 있겠는가.

여기서 쑨거가 『다케우치 요시미라는 물음』에서 인용했던 문장을 나 역시 옮겨오고자 한다. 1940년 2월 《중국문학월보》에 발표된 「메카다 씨의 문장」에 나오는 문장이다. 이 글에서 다케우치는 "막연하지만 무언가 생생함"이 그로 하여금 '지나 문학이라는 환영'에 대한 이루 말할 수 없는 고통을 안긴다면서 결론부에 자신이 원하는 말을 하나하나 적는다.

> 미려한 말. 사랑스런 말. 우렁찬 말. 침착한 말. 하늘을 찌르는 불꽃 같은 말. 기둥에 기대어 나지막하니 탄식하는 말. 말이 사상인 말. 사상이 그대로 행위가 되는 말. 이국의 시인에게 세태가 여의치 않아도 슬퍼하지 말라고 전하는 말. 귀여운 자기 아이에게 바르게 살라고 격려하는 말. 싸움을 말리는 말. 숯이 없을 때 숯이 되고 종이가 없을 때 종이가 되는 말. 어떤 것을 전할 때 다른 표현으로 그 어떤 것을 전하는 말. 교단을 내려올 때 잊히지 않는 말. 학문인지 예술인지 모를 것을 학문이나 예술로 보이게 하지 않는 말. 정치나 관념이나 일상생활을 정치나 관념이나 일상생활 이상으로 다루지 않는 말. 그러나 정치나 관념이나 일상생활을 떠나면 역사 역시 존재하지 않음을 깨우치게 하는 말. 말이 사라져도 그 말이 거하는 공간만은 남는 말. 신들의 말. 인간의 나라와 하백의 나라 혹은 참새의 나라를 이어

56 다케우치 요시미, 「《중국문학》 폐간과 나」, 『다케우치 요시미 선집 1』, 79쪽.

사상의 번역

현존하는 말들은 어느 것 하나 자기 마음을 채워주지 못한다. 마음을 조형해내지 못한다. 그래서 다케우치는 자신의 말을 갖고 싶다며, 자신이 갈구하는 말을 하나하나 눌러 적었다.

　여기서 주목해야 할 사실이 있다. 베이징 유학에서 돌아온 다케우치는 이 글로 지나학을 향한 포문을 열었다. 앞서 밝혔듯이 다케우치는 중국인들의 정신세계를 지식으로 바꿔놓고 중국의 현실을 학적 대상으로 삼는 지나학에 맞서 논쟁을 펼쳐갔다. 그 첫 장면에서 자신이 갈구하는 말들을 늘어놓은 것이다.

　지나학은 지식을 체계화하려고 지나치게 애쓴 나머지 말의 혼을 걸러내고 말았다. 즉 태도로서의 문학이 부재했다. 하지만 다케우치는 자기 역시 태도로서의 문학을 갖추지 못했음을 알고 있었다. 그리하여 근대 지식체계가 억압한 말이 품는 여러 결과 말이 지니는 수다한 기능, 아울러 말에 묻어 있는 다양한 감정을 저렇듯 한 자 한 자 새겼다. 여기서 우리는 다케우치가 중국 연구에 나설 때의 한 가지 목표를 읽어낼 수 있다. 그것은 중국을 연구함으로써 연구자 자신에게서 말의 갱신이 일어나는 것이다.

　다케우치는 말을 신용하지 않는 유형의 인간이었다. 사상은 말로써만 현실에 개입할 수 있지만 말은 사상이 최후에 거처할 곳이 아니라는 역설적 진실을 알고 있었다. '말을 신용하지 않되 말에 끊임없이 생명력을 담는'

57 竹内好,「目加田さんの文章」,『中國文學月報』제59호, 1940.

태도, 바로 '태도로서의 문학'인 것이다. 태도로서의 문학은 말을 토해내지만 언표의 근저에서 언표화에 저항한다.

지식인은 말을 통해 대상과의 관계를 구축한다. 그러나 대상에 다다르기 위해 꺼낸 말도 어느새 응고되면 주체가 대상으로 접근하는 길을 가로막고 원래의 대상을 대신해버린다. 쑨거는 말한다. "아카데미의 세계는 언제나 안정된 개념을 통해 격동적인 현실을 분할하고 정태화한다."[58] 따라서 지식인과 외부 세계의 진정한 관계는 현실을 담아내는 말의 능력을 조절하고 고심하며 말을 구하는 긴장 속에서만 발생할 수 있다. 지식인은 말을 통해서만 세계를 인식하고 세계에 개입할 수 있지만, 말이 말로써 완결되지 않는다는 역설을 받아들일 때만 세계에 관한 인식과 개입의 진정성이 담보된다. 그래서 말에 관한 고민, 즉 말로 어떻게 대상을 쥐고, 말에 어떻게 사고와 감정을 담고, 말의 운동성을 어떻게 운용할 것인가는 말을 부리는 기교 차원의 고민에 머무르지 않을 수 있다. 그것은 사상의 본질에 육박하는 고민인 것이다.

여기서 다시 한번 「《중국문학》 폐간과 나」의 일구를 취해보자. 중국문학연구회를 해산하는 다케우치의 심경이 드러난 대목이다.

> 그때의 문화는 세속화된 문화이며 단계적 진보의 관념으로, 진정한 문화의 발전과는 하등 관계가 없다. 우리 모임의 궁극적 입장은 그러한 세속을 부정하고 점점 세속화되어가는 자기 자신을 부정하는 데 있다. 세속화는 모임의 발

58 41쪽.

전에 따른 필연적 현상이며 이른바 운명이겠으나 그 운명과 맞서
는 일이 거꾸로 우리가 본원에서 일탈하지 않도록 경계하게 만드
는 양식이 된다. 따라서 그 태도를 그르치지 않는 한, 해산의 위기
는 이제껏 끊이지 않고 찾아왔던 것이다. 경솔히 폐간을 마음먹지
않았다. 하루하루의 영위가 폐간을 향해 성실히 나아가야 했던 것
이다. 유감스럽게도 우리의 태도가 공허함에 대해 완전히 성실했
다고는 자신 있게 말하지 못하겠다. 해산의 날에 마음이 쓰라린 까
닭이다.[59]

"세속화는 발전에 따르는 필연적 현상이자 이른바 운명"이며, 그 운
명에 맞서 "하루하루 그 끝을 향해 성실히 나아가야 한다"라는 그
의 발언은 중국문학연구회를 해산하는 고통을 끌어안고 토로한 표
현이지만, 한편으로는 사상의 운명에도 들어맞지 않을까 생각한다.
바로 중국문학연구회의 해산을 위해서도, 사상의 갱신을 위해서도
"그 (문학적) 태도"가 요구되기 때문이다.

기성의 체계가 모순의 무게로 비틀려 터진 자리에 한 사상이 출
현한다. 한 인간은 환경의 모순을 자신의 내적 모순으로 전환해 사
상을 낳는다. 그러나 사상이 출현했다고 이후 반드시 성숙하는 법이
란 없다. 언젠가 그 사상을 간직한 사상가의 내적 모순이 평정되어
긴장을 잃는 때가 찾아온다. 언제까지고 올바를 수 있
는 사상이란 존재하지 않는다. 하나의 사상은 구체적
상황을 향해 던져져 시간의 흐름에 노출되고 현실에

59 다케우치 요시미,
「《중국문학》 폐간과 나」,
『다케우치 요시미 선집 1』,
71쪽.

서 마모되어간다. 세속화되는 것이다.

사상가의 내적 모순이 사그라지면 사상은 평면화된다. 안정이 도래한다. 이후로는 지속의 나날이다. 그러면 타락한다. 모순으로부터 토해낸 사상이 형상을 갖춰가다가는 이윽고 굳어버린다. 남들은 이를 두고 발전이니 진보니 떠들지 모른다. 체계를 구축해 논리의 성을 쌓아간다면, 바깥에서 보기에는 완성을 향해가는 듯 비쳐질지도 모른다. 모순을 철학적 체계로 정립하면 선각자가 될 수 있을지도 모른다. 그러나 문학가 루쉰은 그리하지 않았다. 다케우치 요시미도 그리하지 않았다. 응고되지 않기 위해 내적 모순을 간직하고 버텼다. 그리하여 다케우치는《중국문학》을 폐간하고『루쉰』으로 향했다.

사상의 언어도 사상의 이러한 운명과 함께한다. 어떤 개념이 사회적으로 힘을 발휘하는 데는 유통기한이 있다. 어떤 개념의 환기 능력은 시간이 지나면 줄어들고 새롭게 등장한 화두라도 빛이 바래간다. 그렇다면 그 개념은 통속화된다. 그렇듯 세상에 나와 세속화와 통속화의 위험에 노출되는 것은 사상의 언어가 짊어진 운명이기도 하다. 그리고 그 운명을 자각하고 있을 때 사상과 사상의 언어는 생명력을 잃지 않고 생을 연장할 수 있다. 다시 한번 인용한다. "지식은 그것을 부정하는 계기 없이는 지식으로 살아갈 수 없다. 지식은 부정되기 위해 추구되어야 한다." 이것이 태도로서의 문학이다.

문학과 정치

다케우치 요시미는 루쉰을 계몽가라기보다 문학가로서 이해했다. 다케우치가 이해한 문학가 루쉰은 선각자가 되기를 포기하고 시대에 반보 뒤처진 존재였다. 또한 다케우치가 이해한 문학은 응고되지 않은 채로 사상과 정치와 예술을 토해내는 장이었다. 그리고 다케우치 역시 소설 짓기와 같은 창작 활동에 나서지 않았지만 자신이 이해한 의미에서 문학적이었다. 다케우치는 중국 문학 연구자이자 일본 사상사 연구자로서 방대한 저술을 남기고 안보투쟁, 강화 논쟁, 정치와 문학 논쟁, 국민문학 논쟁 등 현실에서 부각된 민감한 사안들에 적극적으로 개입하며 다양한 면모를 보였지만, 모든 활동은 문학적 정신에 기반하고 있었다.

"한 몸으로 두 생을 살아간다." 다케우치 자신이 이따금 사용하는 후쿠자와 유키치福澤諭吉의 말이다. 그리고 다케우치 자신도 그러한 전환의 시대를 살아갔다(그는 이미 『루쉰』으로 유서를 쓴 인간이었다). 어쩌면 사상가는 자신의 시대를 전환기로 살아가는 존재인지도 모른다. 사상가는 자신의 시대를 전환기로 움켜쥐고자 한다. 그러나 다케우치는 사상가였지만 선각자는 아니었다. 자신의 시대를 전환기로 살아갔지만 동시대의 과제에 답을 내놓지도, 새 시대의 방향을 제시하지도 않았다. 그는 차라리 존재의 축소감에 시달렸다. 그것은 루쉰적 기원을 갖는다. 다케우치는 자신의 활동이 시대의 과제에 답을 내어줄 수 없다면, 그 무력감을 자각했기에 시대의 선각자가 되기보다 '역사적 중간물'이 되어 사상의 언어로 시대의 물음을 형상화했다. 바로 다케우치가 이해한 문학이란 모순의 무게를 받아 안고 답이 아닌 물음과 고뇌를 역사에 새기는 인간의 영위였던 것이다.

쑨거 역시 그 역할을 자각했다. "물음을 물음으로 간직하면서도 답이 없을지 모르는 그 물음을 이끌고 답을 향해 나아가려면, 할 수 있는 데까지 사고의 절차를 밟아두는 일이 아마도 이후 세대를 위한 우리의 책임이 될 것이다."**60** 그리하여 그녀는 다케우치 요시미를 물음으로 가다듬어 우리에게 내놓았다.

그리고 『다케우치 요시미라는 물음』은 '문학과 정치'의 관계를 되묻는다. 다케우치는 문학을 거처로 삼았지만 반정치주의라는 협소한 문학 세계로 도망치지 않고 문학과 정치가 상호의존하여 자기부정하는 관계를 구상했으며, 그렇게 문학이 현실에 진입할 수 있는 길을 탐구했다. 다음은 『루쉰』에 나오는 문구다.

> 정치에서 유리되면 문학이 아니다. 정치에서 자기의 그림자를 보고 그 그림자를 파괴하여, 달리 말해 무력을 자각하여 문학은 문학이 된다. 정치는 행동이다. 따라서 거기에 맞서는 것 또한 행동이지 않으면 안 된다. 문학은 행동이다. 관념이 아니다. 그러나 그 행동은 행동을 소외시켜 성립하는 행동이다. 문학은 행동의 바깥이 아니라 행동 속에서 회전하는 구의 축처럼 일신에 동動을 집중시키는 극치적인 정靜의 모습이다. 행동 없이 문학
> 은 생겨나지 않지만 행동 자체는 문학이 아니다.   **60** 21쪽.

문학은 "여유의 산물"인 까닭이다. 문학을 낳는 것은 정치다. 그러나 문학은 정치 속에서 자신을 골라낸다. 따라서 혁명은 문학의 색채를 바꾼다. 정치와 문학의 관계는 종속 관계도 상극 관계도 아니다. 정치에 영합하거나 정치를 백안시하면 문학이 아니다. 진정한 문학이란 정치에서 자기의 그림자를 파괴한다. 소위 정치와 문학의 관계는 모순적 자기동일의 관계다.[61]

문학은 무력하다. 문학은 무력을 자각해 문학이 된다. 정치가 행동이라면 문학 역시 행동이다. 그러나 문학의 행동은 행동을 소외시켜 행동됨을 이룬다. 문학의 행동은 정치와는 다른 위상에서 이뤄진다. 그렇다고 정치에서 유리된다면 문학이 아니다. 문학은 정치에 자신을 투입하고 끄집어낸다. 그렇게 정치에 숨결을 불어넣으면서 자신을 갱신한다.

그렇다면 정치는 문학에게 무엇인가. 이어지는 문장이다. "문학을 낳는 근원의 장소는 늘 정치가 둘러싸고 있어야 한다. 이는 문학이 꽃을 피우기 위한 가혹한 자연 조건이다. 허약한 꽃은 피어나지 못할 것이며 질긴 꽃은 긴 생명을 얻으리라."[62] 환경의 열악함이 위대한 문학을 낳고, 정치의 진폭이 클수록 정치에서 자기를 깨뜨리는 문학의 순수함은 깊어진다.

따라서 문학과 정치는 같은 위상에서 맞서는 장르의 구분이 아니다. 다케우치의 표현을 옮긴다면 "모순적 자기동일의 관계"다. 문학과 정치를 장르라

61 다케우치 요시미, 「루쉰(초록)」, 『다케우치 요시미 선집 1』, 156쪽.
62 같은 글, 157쪽.

고 여겨 그것들을 조합한 '문학의 정치성'이란 기껏해야 문학이 정치적 지도 이념을 얼마나 충실히 구현하는가라는 식이 되어버린다. 그러나 위의 인용구를 다시 취해오면 "정치와 문학의 관계는 종속관계도 상극 관계도 아니다. 정치에 영합하거나 정치를 백안시하면 문학이 아니다." 동시에 "진정한 문학이란 정치에서 자기의 그림자를 파괴한다. (……) 진정한 문학은 정치에 반대하지 않고, 다만 정치로 자기를 지탱하는 문학을 경멸한다."

모름지기 문학가라면 유동적인 상태로 자기를 갱신해야 응고되어서는 안 된다. 다케우치는 정치 상황을 대할 때 강 건너 불 보듯하는 명석함을 구하지 않고 "불 속에서 밤을 줍겠다"는 태도로 몸을 던져 그 속에서 뒹굴었다. 그리고 자신을 끄집어냈다. 이런 투입과 추출의 반복 속에서 문학적 인간 다케우치는 평론가가 될 수 있었다. 그는 현실의 혼탁함을 직시하여 절대시되는 전제를 부수고 동요하는 현실의 유동하는 진실에 육박하려고 애썼다. 그는 여러 시국에 걸쳐 다양한 발언을 내놓았다. 그가 지면에 발표한 글은 1천5백편을 헤아린다. 정말이지 생의 시간을 쪼개 문자를 새겼다. 그는 동요하는 현실에 진입하려고 부단히 노력했다. 그리고 그 까닭에 종종 판단을 그르쳤으며, 훗날 자신의 평론집을 『예견과 착오』[63]라고 이름 지었을 정도다. 그러나 쑨거가 강조하듯이 그는 착오에 대한 반성을 사상의 원동력으로 삼지 않았다. 앞으로 나아가고자 노로 물을 저으면 배는 흔들리게 마련이다.

[63] 竹内好, 『豫見と錯誤』, 筑摩書房, 1970.

사상의 번역

관념의 역사화

> 올바르게, 정말로 '올바르게'다. 카메라처럼 올바르게, 시공간을 이차원으로 바꿔서 보여준다는 '올바르게'다. 자신은 역사 속으로 파고들지 않고 역사라는 코스를 달리는 경주마를 밖에서 바라본다. 스스로 역사에 깊숙이 들어가지 않기 때문에 역사를 충실하게 만드는 저항의 계기는 놓치지만 대신 어떤 말이 이길까는 잘 보인다. (……) 그렇게 보는 것은 올바르다. 올바로 볼 수 있는 것은 자신이 달리지 않는 까닭이다.[64]

「근대란 무엇인가」에서 나오는 문장이다. 이 문장에서 역사라는 말 대신 현실을 집어넣어보자. 진정 현실 상황의 당사자이며, 상황 속에 몸을 두고 있다면 전에 내린 판단은 사태의 추이에 따라 유효성을 잃고 만다. 상황의 전개와 함께 잘잘못에 대한 판단도 뒤바뀐다. 마찬가지로 진정 사상적 당사자라면 바깥의 어떤 고정점에 서서 사태를 내려다볼 수 없다. 사태의 흐름에 따라 시점을 조정해야 한다. 현실에 진입하려는 자는 늘 오류의 위험을 무릅써야 한다.

그래서 다케우치 요시미는 정치적 올바름을 중시하지 않았다. 아울러 선험적 가설로부터 도출된 어떤 문제도 그에게는 허구였다. 정치적 올바름이나 선험적 가설을 먼저 설정해버리면 복잡한 현실은 판단 대상으로 왜소화된다. 현실을 가설에 대한 편차로 여기게 된다. 그리하여 거꾸로 지

64 다케우치 요시미, 「근대란 무엇인가」, 「다케우치 요시미 선집 2」, 252쪽.

식인은 현실 과정 바깥으로 밀려난다. 역동적인 현실 과정에 대한 이해를 그르쳐 실제로도 유효한 판단을 내지 못하고 만다.

앞서 말했듯이 다케우치는 말을 신용하지 않는 인간이었다. 말에 대한 무력감과 회의 능력, 말로써 현실을 담지만 말로써 완결할 수 없다는 역설에 대한 자각은 현실과의 진정한 관계를 모색하도록 그를 인도했다. 그리하여 그는 기성의 개념이 유혹하는 사고의 타성을 경계하고 기성의 관념을 빌어 몸에 두르려는 자들과 맞서 싸웠다. 그리고 바깥에서 주어진 이론을 자신의 현실을 이해하는 판단 기준으로 삼지 않았다.

사실상 이론은 허구다. 거짓이란 의미가 아니라 허구로서 현실에 기능한다는 뜻이다. 그러나 이론이 물신화되면 허구로서의 의미를 상실하고 일종의 현실처럼 받아들여진다. 실재가 아닌 매개라는 사실이 망각되어 이론은 현실과 같은 평면 위에 나란히 놓인다. 이론은 현실이 아니며, 현실에 비해 과도하거나 과소하다. 과잉이거나 결여다. 그러나 이론이 현실과 같은 평면 위에 나란히 세워지면 오히려 현실 측이 초라해 보인다. 이론이 옳고 현실은 틀렸다. 이론은 현실에서 자양분을 흡수해야 하는데, 관계가 역전되면 이론의 삼투력이 현실을 빨아들여 이론이 지나간 자리에서 현실은 음영을 잃고 회색빛이 된다. 그리하여 그 이론이 올바른들 현실의 입체감을 소거해 현실을 평면으로 만들려 하면, 그 이유로 올바를 뿐인 이론은 현실에서 외면받게 될 것이다.

그런 까닭에 다케우치는 이론, 특히 서양에서 유입된 이론에 관해 비판적 거리를 유지하려 했다. 다케우치가 평론가로 활동했던 전후의 사상 공간에서 서양, 특히 유럽의 지적 유산은 종종 '정치적 올바름'의 논리로 활용되었다. 비판의식과 문제의식으로 충만한 서구 지성의 사유가 일본의 맥락 속에서 탈맥락화되면 상황을 처리하는 해답처럼 기능하며, 때로 패권적 양상을 띠기도 했다. 더욱이 서양의 이론이 수용 과정에서 '근대' '민주' '자유' 등의 유럽산 개념 그리고 거기에 달라붙어 있는 가치관과 결부되면 서양의 이론은 진보사관으로서 위력을 발휘하기도 한다.

그러나 다케우치는 서양의 이론이 일본의 맥락에서는 오히려 역전된 의미를 지니거나 중요한 지점을 가릴지도 모른다고 경계했다. 근대화의 지체를 겪은 곳에서는 바깥에서 재빠르게 서양의 이론을 기성품 삼아 들여오는 진보주의가 역시 재빠르게 타락하기 마련이라고 경고했다.

다케우치는 말을 신용하지 않는 인간이었다. 그는 주어진 말들이 유혹하는 사고의 타성을 경계했다. 하물며 서양의 이론에 의존해 작업하지는 않았다. 기성의 말, 기성의 이론을 그대로 상황에 적용하는 대신 상황 속에서 말을 길어 올렸으며, 말 안에 복잡한 상황성을 주입하려고 애썼다. 그리하여 다케우치의 글에 담긴 리얼리티는 확실히 여느 학자와 달랐다. 그는 이론과 개념 세계의 유한성을 직시하며 말을 구사했다. 지식의 언어로 구축된 세계와 그 언어가 개재하지 않는 현실 감각의 세계 사이의 단층을 민감하게 의식하며 말을 운용했다. 현실 감각의 세계로 진입할 때는 관념적 기술을 거부하되 생명력 있는 이념은 잃지 않도록 노력했다. 복잡한 현실 감각을 섣불리 정리하지 않되 사상적으로 승화시켜내려 했다. 이러한 사고의 국면에 들어선다면, 정치적 올바름과 선험적 전제는 그 정당성을 상실하고 말 것이다.

여기서 쑨거의 발언을 인용해두자.

> 역사상 인물로서의 다케우치 요시미는 아카데믹한 세계에서 다뤄지기 어려운 존재라는 바로 그 사실이 이미 그에게 '되돌아갈' 것을 요청하는 상황이지 않을까. 다케우치의 세대에 비해 우리는 분명 역사상 인물과 만날 능력을 잃어가고 있다. 어떤 의미에서 그런 현상은 우리가 상황의 유동성에서 유리되어 관념의 세계에 안주하는 일이 그만큼 잦다는 사실과 표리의 관계에 있다. 관념의 세계에 안주할 수 있다는 것은 관념의 안정성을 전제로 한다. 오늘날 우리가 사용하는 개념의 대부분이 서양에서 들어온 것이라는 점을 감안한다면, 관념을 '역사화'시키는 과정이 얼마나 중요한지는 명확할 것이다. 만약 다케우치를 오늘날에 소생시키는 일에 의미가 있다고 한다면, 그것은 무엇보다도 먼저 '관념'의 안정성을 붕괴시키고 '관념'을 역사적으로 상대화하려는 시도이기 때문이리라.**65**

정치적 사고의 번역

다케우치 요시미는 일관되게 지배담론을 탈구축했다.   **65** 40쪽.

남다른 철저함으로 관념의 추상성과 지배담론의 공모 관계에 경종을 울리고, 이 공모 관계를 해체하며 일본의 사상계에 끊임없이 새로운 문제를 제기했다. 그는 전후 일본의 사상계에 근대주의가 불어들자 일본의 민족주의와 대결하고 그것을 되살리는 일을 자기 과제로 삼았으며, 일본인들이 서양식 근대를 추종하자 중국을 '동양적 근대'를 기도하기 위한 매개체로 끌어들였다. 또한 민족주의든 근대든 실체적 색체로 물든 관념들을 감각의 수준으로 끌고 내려와 '기능화'하려고 했다. 쑨거는 이렇게 표현한다.

> 평생 동안 말에 배반당하는 일을 경계하면서 말에 끊임없이 생명력을 담았던 다케우치 요시미는 모든 카테고리에 대해 역설적 태도를 취했다. 그 태도란 카테고리의 유동적 부분, 그 '살아 있는' 부분이 정의定議에 의해 고정되는(경우에 따라서는 살해되는) 것을 받아들이면서도 굳이 그 고정화 과정과 대결하면서 카테고리를 사용한다는 것이다. 다케우치 요시미가 믿었던 것은 말로 표현된 카테고리가 아니라, 말이 좀처럼 표현할 수 없는 '역사 감각' 자체였다. 다케우치는 그 유동성을 지향하면서 '아시아'를 시작으로 일련의 개념을 구사한 것이다. 당연하게도 다케우치에게 이러한 일련의 개념은 출발점도 도달점도 아니었다.[66]

나는 방금 '기능'이라는 표현을 사용했다. 이것은 『다케우치 요시미라는 물음』에서 쑨거가 즐겨 사용하는

[66] 38~39쪽.

표현으로서 '실체'와 대비된다. 그녀에 따르면 실체성에 물든 사고는 대상을 멈춰 세워놓고 분석하려 든다. 그러니 과정이 아닌 결과에 주목한다. 더욱이 결과를 판단할 때 이론으로부터 결론을 빌리곤 한다. 그러면 구체적 현실의 문제가 실체적 결론에 짜 맞춰져 재단된다. 반면 기능성을 지향하는 사고는 과정의 유동성에 몸을 맡겨 문제 상황의 변화를 민감하게 감지하고 거기서 보다 진전된 물음을 건져 올린다.

이는 말의 운용만이 아니라 현실 개입에 관한 문제이기도 하다. 다케우치는 기능성을 중시하는 사상가였다. 그리고 그의 기능적 면모는 현실 정치에 관여하는 장면에서 두드러진다. 그는 기존의 이데올로기적 대치 구도에서 비켜서 있는 존재였다. 그는 그런 입장의 대립에 문제의 핵심이 있다고 여기지 않았으며, 그런 입장의 어느 한 측에 답이 있다고 보지도 않았다. 그는 정치를 선험적 잣대로 판단하지 않았다.

차라리 다케우치는 정치의 장에서 위태로운 곳에 몸을 뒀다. 차이를 생산하지 못한다면 사라질 운명에 처하는 곳이지만, 적극적 차이를 만들어내는 곳도 아니었다. 그는 '종이 한 장 차이'라는 표현을 종종 사용했다(쑨거는 거기서 발생하는 특유의 긴장감을 담아내고자 '임계상태'라고도 표현한다). 그 종이 한 장 차이는 자명한 이론적 전제나 정치적 입장에서 출발하면 식별해낼 수 없다. 동시에 미묘하지만 '차이'라는 점에서 독특한 의미의 자장을 형성한다. 그가 만들어내는 차이란 실체적이라기보다 기능적인 것이었다. 그리하여 그는

사상의 번역

'정치적 입장'과 '정치적 사고' 사이에서 기능적인 번역자의 역할을 자임했다.

먼저 정치적 입장 사이의 번역이다. 그것은 소위 좌파와 우파 사이에서 그가 맡은 기능적 역할과 관련된다. 한국에서 그렇듯 일본에서도 보수주의는 한 가지 '주의'를 고수하지 않는다. 상황에 따른 처세술에 가깝다. 원리 없음의 원리주의다. 보수주의는 뼈대를 갖지 않기에 그 실체를 거머쥐고 비판하기는 어려우며, 역으로 보수주의가 일상 감각에 침투하기란 쉬워진다. 보수주의는 습관화된 생활양식이나 타성적 정치 인식에 조응하는 것으로 충분하기에 자신을 이론적으로 체계화하여 무장할 필요가 없다. 그러나 체제를 적극적으로 바꿔가려는 진보주의는 기존의 권력 구조, 사회 제도, 문화 양상을 종합적으로 인식해 당면한 정치 상황에서 미래의 전망을 확보해야 하기에 이론적 무장에 대한 욕구가 강하다.

따라서 보수주의는 이론적으로 꿰차기 어렵지만, 진보주의는 그것이 전제로 삼는 학설과 세계관을 통해 파악하기가 수월하다. 또한 보수파는 이론적 일관성을 지향하기보다 상황에 맞춰 심정에 호소하다 보니, 진보파가 이론적 공박에 나서도 보수파의 영향력을 감퇴시키기는 어렵다. 정치적으로 올바른 입장을 피력해도 현실 정치에서 제대로 힘을 쓰지 못한다. 그리하여 쑨거의 표현에 따르면 "논리로는 이기지만 실제로는 밀리는" 상황이 종종 발생한다. 이렇듯 좌파와 우파는 겉보기에는 충돌하지만 양자 사이에는 상호 충격과 접촉의 가능성이 희박하다. 이런 정치 세력 간의 대치 구도 속에서 다케우치가 만들어내는 기능적 차이는 대립하는 양자를 맞물리게 하여 양자 모두에 결여된 전환의 계기를 주입하려는 것이었다. 실제로 그가 어떻게 이런 시도에 나섰는지는 4장에서 민족주의의 문제를 다룰 때 확인하기로 하자.

다음으로 '정치적 사고' 사이의 번역이다. 정치적 사고는 한 가지 위상만이 아니라 복수의 위상을 갖는다. 만약 정치적 사고의 구도를 피라미드형으로 분포시킨다면, 상층부에는 정권 투쟁, 계급 투쟁 등에 사용되는 이념, 이데올로기, 이론 등의 관념이 자리 잡고 있다. 그 관념들은 정치 투쟁에 활용되어야 하는 만큼 비교적 체계화되어 있으며 가시화되어 있다. 그러나 아래로 내려가면 정치 현상에 대한 대중의 견해, 더 아래에는 그런 견해들 배후에 버티고 있는 생활 감각이 자리한다. 저변으로 내려갈수록 이론화 정도는 약하며 가시성이 낮아진다. 또한 정치적 사고의 구도의 상층부에서는 복수이되 제한된 수의 이념과 이데올로기가 경합하지만, 대중의 견해와 감각은 보다 파편화되어 있다. 상층부가 보편성, 법칙성, 개념성이 강하다면, 하층부는 특수성, 비합리성, 직관성이 짙다. 이런 양극의 교착 관계가 정치적 역동성을 낳으며 또한 그 역동성을 파악하기 어렵게 만든다.

그리하여 소위 현실 정치와 일상 정치는 미적분 관계에 있지 않다. 각각의 층위에서 통용되는 논리는 다르다. 일상 감각과 정치적 견해는 복잡한 굴절을 거쳐 현실 정치의 무대에 반영되고, 거꾸로 현실 정치의 동향 역시 복잡한 굴절을 거쳐 일상생활의 영역으로 내려간다. 상층부의 이념과 이데올로기는 저변에서 에너지를 공급받

사상의 번역

고, 그 효과를 저변으로 확산시켜야 하지만 그 회로는 단순치 않다. 그리하여 생활 감각과 실감에 의해 떠받쳐지지 않은 이념 내지 이데올로기는 공허해지며 거꾸로 세계관과 맺어지지 않는 일상감각은 정치적으로 맹목적일 수 있다.

다음 문장은 일본의 사상계를 향한 다케우치의 직접적 비판을 보여준다.

사상 일반이 그러하듯 일본에서는 공산주의도 아직 사상화되지 않았다. 사상은 생활로부터 나와 생활을 넘어선 곳에서 독립성을 유지해야 성립할 수 있다. 다시 말해 생활로부터 나오지 않은 것, 생활을 넘어서지 못한 것은 모두 사상이라 할 수 없다. 그런데 일본에서는 생활의 차원에 머무른 채 싹 트지 못한 사상과 아직 생활에 매개되지 않은, 따라서 생산성을 갖지 않는 외래의 사상이 있을 따름이다. 공산주의라고 예외는 아니다. 그리고 양자는 모든 개인과 사회 속에서, 모든 면에서 서로 매개되지 않은 채 혼재하고 있다. 일본 문화의 분열 혹은 일본 문화의 다양성이라 불리는 것은 이러한 사상의 결여, 동시에 모든 의사擬似 사상의 범람 현상과 무관치 않다.**67**

다케우치는 개념 세계의 유한성을 직시하며 지식의 언어로 구축된 세계와 그 언어가 개재하지 않는 현실 감각의 세계 사이의 단층에서 번역을 기도했다. 이

67 竹内好,「日本共産黨に與う」,「展望」 4월호, 筑摩書房, 1950.

것은 지적 영위일 뿐 아니라 현실 정치에 개입하는 태도이기도 했다. 그는 추상성이 높은 담론의 영역과 현실 감각, 큰 정치와 일상의 작은 정치를 이어 맺으려 했다. 정치 이념이 어떻게 현실로 진입할 수 있는지, 큰 정치를 어떻게 일상 정치의 과제와 결부시킬 수 있는지를 사고했다. 이런 면모는 지금 바로 살펴보기로 하자. 그래서 그가 현실 정치에 가장 긴밀히 관여했던 사건인 안보투쟁으로 가보겠다.

담론과 감각 사이

안보투쟁은 일본의 현대사에서 중요한 의미를 지닐 뿐 아니라 다케우치의 다케우치적 면모가 분출한 사건이기도 했다. 그의 평론 활동은 안보투쟁을 전후로 정점을 그렸다.

안보조약 개정 반대 운동, 줄여서 안보투쟁이란 1960년에 기시 노부스케 내각이 1952년에 체결된 '일본국과 미합중국 사이의 안보 보장 조약'을 개정하려고 하자 이에 반대해 일어난 대규모 민중운동이다. 1960년 5월 1일에는 전국 9백여 곳에서 총 6백만 명이 시위에 참가하고, 도쿄에서만 60만 명이 운집했다. 일본 전후사에서 최대 규모의 시위였다. 안보투쟁은 일본이 냉전 구조의 한쪽에 편입되면 다시 전쟁이 벌어질지도 모른다는 위기감에서 고조되었다. 그러나 5월 19일 국회에서는 일미안보조약이 강행 체결되었다. 그사이의 경과는 『다케우치 요시미라는 물음』 4부 2장 「안보운동: 전쟁 체험의 현재진행형」에서 자세히 소개되어 있다.

따라서 여기서는 운동의 추이를 정리하기보다 운동이 끝난 이후 그 성패에 관한 판단을 두고 쑨거가 주목한 대목을 따라가보겠다. 안보조약 반대를 내건 일본의 민중운동은 결국 안보조약의 발효를 저지하지 못했다. 안보조약이 개정되자 한동안 운동이 달아올랐으나 그해를 넘기지 못하고 가라앉았다. 여러 활동가와 지식인은 운동의 실패를 인정해야 했다. 그러나 그 와중에 다케우치는 "수확이 크다"고 말했다. 강행 체결을 밀어붙인 기시 노부스케 수상이 사임하고 미국 대통령의 방일 계획이 취소되어 안보조약이 중상을 입은 상태에서 발효된 것이다.

그러나 쑨거가 주목한 것은 그 대목이 아니다. 바로 다케우치 요시미는 안보투쟁을 통해 일본 민중이 전례 없는 국민적 규모의 저항을 체험했다는 점을 중시했다. 안보조약은 체결되었다. 안보투쟁은 결과적으로 실패했다. 하지만 다케우치는 안보투쟁에서 분출한 운동 에너지와 안보투쟁이 남긴 공동의 체험을 자신의 사상 과제와 접목하고자 했다. 현실 정치에서 뜻을 이루지 못했지만, 그 무력함을 사상의 영역에서 결실로 전환시키려 한 것이다.

『루쉰』의 구절을 상기해보자. "문학은 무력하다. 문학은 무력을 자각해 문학이 된다. 정치가 행동이라면 문학 역시 행동이다. 그러나 문학의 행동은 정치와는 다른 위상에서 이뤄진다. 그렇다고 정치에서 유리된다면 문학이 아니다. 문학은 정치에 자신을 투입하고 끄집어낸다. 정치는 억센 문학을 낳기 위한 가혹한 자연 조건이다." 바로 쑨거가 중시한 것은 현실 정치의 과정에서 드러난 다케우치의 문학적 태도였다.

여기서 세 편의 글을 주목해보자. 각각 1959년, 1960년, 1961년에 작성된 것들로서 안보투쟁에 참가하며 다케우치가 어떤 문제를 계속 움켜쥐고 있었는지를 보여준다. 그것은 바로 정치적 사고 사이의 번역이었다.

안보운동이 맹아를 보이기 시작한 1959년 12월, 부락문제연구소가 주최한 자리에서 다케우치는 안보투쟁 시기의 첫 강연을 했다. 강연 내용은 「기본적 인권과 근대 사상」이라는 글로 정리되었다. 그런데 안보투쟁이 달아오르던 시기에 그는 안보투쟁에 관해 직접 언급하기보다 부락 차별, 인칭대명사 사용, 조선과 중국에 대한 시선 등에 묻어 있는 일상적 차별의 문제를 강연의 주된 소재로 삼았다.

중국의 문학가로 루쉰이라는 사람이 있습니다. 저는 줄곧 루쉰을 연구해왔습니다. 루쉰은 참으로 많은 이야기를 꺼내는데, 이런 것도 있습니다. 사회개혁이라는 큰일은 비교적 하기 쉽다. 그러나 작은 개혁이 어렵다. 루쉰이란 자는 혁명운동의 실패를 뼈저리게 체험하고 깊은 절망에 빠져서는 문학의 길을 걸었던 사람입니다. 작은 것이 어렵다는 뭐, 일종의 역설이겠지만 저는 역시 진실이지 않을까 싶습니다. 일본에서 사회주의 혁명을 실현하는 일과 일상의 언어 구석구석에 밴 차별감을 제거하는 일, 어느 쪽이 수월할까요. 저는 다소 의문이지 않을 수 없습니다. 왜냐하면 두 가지 일은 오히려 서로 영향을 주기 때문입니다. 제 마음속에 도사린 부주의한 차별의 심리를 솎아내는 일, 즉 정말로 독립된 인격이 되어 상대와 서로를 대등하게 인정하는 그런 인간관계를 만드는 일과 사회개혁은 결코 다르지 않으며, 그 단계나 통로는 다양해도 어느 한 곳에서 맺어지리라고 생각합니다.**68**

다케우치는 안보투쟁에 임하면서 '안보조약을 저지할 수 있는가'라는 운동의 정치적 결실 말고도 일본인의 평등 감각을 기르는 데 주력했다. 여기서 작은 일상의 감각과 큰 정치를 이어 맺으려는 면모가 드러난다.

그는 강연 중에 루쉰을 두 차례 언급하며 두 가지 문제를 제기했다. 하나는 일상 감각을 바꾸는 일이 사회개혁보다 어렵다는 것이며, 다른 하나는 노예가 노예주가 된다고 노예상태로부터 해방되는 것은 아니라는 것이다. 첫 번째 문제와 관련해 다케우치 요시미는 대중의 일상 감각이 사회운동과 현실 정치를 좌우하는 기초라고 여겼다. 그가 보기에 미국과의 안보조약 체결은 일본인의 일상 곳곳에 배어 있는 차별의식이 응축된 사례였다. 또다시 미국에 꼬리를 흔들며 중국을 포함한 아시아 나라들을 얕보는 행동이라고 여겼던 것이다. 그리하여 그는 안보투쟁을 거쳐 일본인의 평등의식을 기르고 일본의 전통 속에 스며든 '강자를 도와 약자를 억누르는' 악습을 해소하려고 했다.

그리하여 두 번째 문제인 "노예가 노예주가 된다고 노예상태로부터 해방되는 것은 아니다"는 명제가 실질적 의미를 갖는다. 일본은 전전에는 아시아를 침략해 노예주로 군림했으며, 전후에도 미국과 손잡고 노예주가 되고

68 다케우치 요시미, 「기본적 인권과 근대사상」, 『다케우치 요시미 선집 1』, 337쪽.

자 하고 있다. 그러나 일본은 여전히 노예다. 나라도 개인도 "독립된 인격"을 갖추지 못했기 때문이다. 바로 다케우치가 안보투쟁에 전력을 기울인 까닭은 안보조약의 체결을 저지해야 한다는 정치적 이유 말고도 나라의 독립과 아울러 개인의 독립을 일굴 소중한 기회라고 판단해서다.

어찌 보면 일본은 1951년 9월 샌프란시스코 강화조약으로 독립을 얻었다. 일본은 미국 국무성의 파견 기관으로 기능했던 GHQ(General Headquarters, 연합국군총사령부)에 의해 관리되다가 독립했다. 그러나 일본을 포함한 49개국이 대일강화조약에 서명한 그날 요시다 시게루 수상은 미군 제6군 사령부에서 미일안전보장조약에 조인했다. 즉 샌프란시스코 강화조약은 미일안보조약과 끼워 팔기로 성립한 꼴이다. 따라서 그것은 진정한 독립일 수 없었다.

> 현재 일본은 사실상 미국의 속국이다. 명목상으로는 독립이지만 이것은 옛 '만주국'처럼 겉치레다. 뒤로는 보이지 않는 실로 조종당하고 있다. 실을 움직이는 것은 미국이다. 일본 정부는 국민의 눈을 속이고 미국과 몰래 거래하고 있다. 샌프란시스코 강화회의 이후 일련의 움직임을 보고 있노라면 그렇다고밖에 생각되지 않는다. (……) 정부는 국민에게 독립을 약속했다. 그리고 약속을 지켰다고 한다. 하지만 그 독립의 정체가 무엇인고 하니 사실상 미국의 속국이 되는 것이었다.[69]

69 竹内好,「危機と統一」,「世界」10월호, 岩波書店, 1952.

사상의 번역

다케우치는 '외관의 독립'이 아니라 '실질적 독립'을 원했다. 그런데 다케우치가 이해하기에 독립은 되찾거나 쟁취할 대상이 아니다. 일본의 독립은 남이 가져가기에 앞서 스스로가 저버렸다. 따라서 진정한 나라의 독립은 조약에 담기지 않는다. 그는 강화논쟁이 일었던 1952년에 발표한 「나라의 독립과 이상」에서 "학문으로는 글러먹은 이야기"일지라도 "개인에게 이상이 있듯 나라에게도 이상이 있어야 한다"며 이렇게 덧붙였다. "이상이 없는 개인은 독립된 인격이 아니듯 그런 나라 또한 독립국은 아니다."**70** 개개인이 자율적이며 평등한 주체가 되고 그런 개인들이 모여 일본국이 강자에게 굴종하거나 약자를 내리누르지 않는 나라가 되는 것, 그게 바로 다케우치가 생각한 나라 독립의 의미였다. 이런 사고를 안보투쟁의 시기로까지 이어간 것이다.

여기서 또 한 가지 주목해야 할 강연이 있다. 1960년 6월 '민주정치를 지키는 강연회'의 강연으로 제목은 「우리의 헌법 감각」이다. 다케우치는 힘주어 말한다. "오늘날 우리는 저 5월 19일을 거울로 삼아야 합니다. 우리는 형식적 민주주의 절차를 거쳐 독재자가 태어난다는, 역사상 초유의 사건과 마주했습니다."**71** 5월 19일은 국회에서 안보조약이 강행 체결된 날이다. 그리고는 발언을 이어간다.

아무리 성문헌법이 훌륭해도 단순한 관료의 작문일 뿐입니다. (박수) 지금 헌법을 몸으로 익히려면 옷 갈아입듯이 과

---

70 다케우치 요시미, 「나라의 독립과 이상」, 『다케우치 요시미 선집 1』, 95쪽.
71 다케우치 요시미, 「우리의 헌법 감각」, 『다케우치 요시미 선집 1』, 389쪽.

거 헌법을 버리고 새 헌법을 취해서는 안 됩니다. 전통 위에 서서 혹은 전통을 재해석하며 지금의 헌법이 새롭게 자기 몸에 배어들게 해야 하며, 과거 전통의 연속 위에서 헌법 감각을 새롭게 수립하지 않으면 안 됩니다. 다르게 표현하자면 헌법과 민주주의의 민족화 내지 주체화 혹은 내면화가 아무래도 중요하며, 이를 이루지 못한다면 지금의 권력 아래에서 우리는 노예가 되기를 감수하는 수밖에 없습니다. 만약 우리가 자유로운 인간이 되려면 헌법이 우리 몸에 스며들어 내면화되어야 하며, 바꿔 말하면 민족화되어야 합니다. 자기 것이란 주어지는 것이 아닙니다. 자기 안에서 만들어내는 것입니다. (박수) 지금 나라 전체에서 국민의 저항운동이 일어나고 있습니다. 이 운동이 그러한 헌법 감각을 기르는 일과 다르지 않다고 생각합시다. 그렇게 믿지 않고선 일본인으로서 사는 보람이 없습니다.[72]

「기본적 인권과 근대 사상」을 상기한다면, 여기서는 '평등 감각' 대신 '헌법 감각', '독립' 대신 '주체화(민족화·내면화)'라는 표현이 눈에 들어온다. 그리고 "노예"라는 표현이 여기서도 등장하고 있다.

헌법 감각이라는 낯선 조어를 이해하려면 강연의 배경을 설명해둘 필요가 있겠다. 패전 이후 만들어진 신헌법에는 유례가 없는 평화조항이 새겨졌다. 9조 1항과 2항은 다음과 같다. "1. 일본 국민은 정의와 질서를 기조로 하는 국제평화를 성실히 회구하고, 국권의 발동에 의한 전쟁과 무력에 의한 위협

72 같은 글, 389쪽.

사상의 번역

또는 무력의 행사를 국제분쟁을 해결하는 수단으로서 영구히 포기한다. 2. 전항의 목적을 성취하기 위하여 육해공군 및 그 이외의 어떠한 전력도 보유하지 않는다. 국가의 교전권 역시 인정치 않는다." 그리하여 신헌법은 '평화헌법'이라고도 불린다.

그러나 신헌법은 일본국의 헌법이지만 번역투의 문장이며 미국의 흔적이 선명했다. 신헌법은 전후에 미군정하에서 제정된 것으로서 영어로 작성된 원안을 번역했으며 미국의 입김이 짙게 배어 있었다. 이러한 두 가지 사실 사이에서 다케우치는 신헌법에 관해 이렇게 말한다. "좋지만 왠지 눈부시다, 내 것이라는 게 부끄럽다는 느낌이 들었던 것입니다. 달리 말하면 우리의 과거 역사가 축적되어 태어났다고 하기에는 너무도 눈부시다, 우리가 그리도 훌륭한 인간이었단 말인가 하는, 이렇게 말하면 여러분을 욕보이는 꼴이지만, 저는 그렇습니다."[73]

이처럼 다케우치는 신헌법이 영 낯설다고 토로했다. 그러나 그는 헌법을 고치자고 말하지 않고 헌법 감각을 기르자고 주장했다. 신헌법은 훌륭한 내용을 담고 있으나 그만큼 일본인이 거쳐온 전전의 경험과 괴리가 크다. 그 간극을 분명히 드러내고 그 간극을 메우려면 헌법의 조문을 바꾸기보다 헌법 감각을 길러내는 노력이 필요하다는 것이다. 그리하여 그는 '헌법의 민족화·내면화'를 주장했다. 일본인의 노력으로 헌법과 일본인의 감각 사이의 괴리를 메우자는 것이다.

그리고 그것은 '민주주의의 주체화'를 위한 훈련

73 다케우치 요시미, 「우리의 헌법 감각」, 『다케우치 요시미 선집 1』, 385쪽.

일 수 있었다. 바로 일본인은 "형식적 민주주의 절차를 거쳐 독재자가 태어난다는, 역사상 초유의 사건과 마주"했던 것이다. 그렇다면 민주주의는 더 이상 정치적 올바름을 담보하는 추상적 기준일 수 없었다. 그 자체가 추궁되어야 했다.

전후 일본에서 헌법은 번역되고 민주주의는 수입되었다. 일본은 옷을 벗듯이 천황제 구헌법을 벗어던지고 민주주의 국가로 탈바꿈했다. 그러나 다케우치는 구체제를 떠받쳤던 일본인의 일상 감각과 대결하지 않는 한 민주주의는 주체화되지 않으며, 오히려 신체제가 구체제의 음습한 토양을 덮어버려 거기서 독재가 피어날 수 있다고 경고했던 것이다. 이런 식으로 그는 정치 제도의 문제를 감각의 수준으로 끌어내리고자 노력했다.

체험의 사상화

아울러 다케우치 요시미는 1960년 안보투쟁에 운동사적인 그리고 사상사적인 의미를 부여했다. 안보투쟁은 15년 전인 1945년에 일어났어야 할 식민화와 파시즘에 맞선 투쟁이 15년의 시차를 두고 발생한 사건이라고 규정한 것이다. 다케우치는 안보투쟁이 패전 시기에 놓쳤던, 일본인의 일상 감각 깊숙한 곳에 깔려 있는 노예근성을 솎아낼 소중한 기회라고 판단했다. 이런 시각에서 작성한 글이 1961년의 「전쟁 체험의 일반화에 대하여」다.

그런데 이 글은 안보투쟁 시기에 작성된 몇 편의 글과 계열을 이룬다. 다케우치는 안보투쟁이 시작되던 1960년부터 1964년 사이에 「전쟁 책임에 대하여」(1960), 「전쟁 체험론 잡감」(1960), 「'전쟁 체험' 잡감」(1964)을 연이어 발표했다. 그는 연작들에서 일관되게 전쟁 체험을 중시했다. 그 이유는 무엇인가. 전쟁 체험을 일본인의 국체관에 맞설 소중한 자원으로 가공하려 했던 것이다.

일본은 패전했다. 그러나 나라를 파국으로 몰고 간 국체관은 사라지지 않았다. "국체관이란 국가를 피조물이 아닌 소여로서 자연으로서 받아들이는 사고 및 심적 경향이다."**74** 이러한 자연주의적 정신 풍토에서는 국가의 인위적 성격이 인식되지 않는다. 일본인에게 국가는 선험적이고 자연스럽고 따라서 절대적이다. 따라서 국가의 명命도 절대적이다.

일본은 전쟁을 겪고 패전했지만 국체관은 건재했다. 그러나 1960년의 안보투쟁으로 미약하나마 이완되는 징후를 보였다. 국체관을 흔든 동력은 무엇인가. 다케우치는 일본인의 전쟁 체험 말고 다른 데서 그 동력을 구할 수는 없다고 생각했다. 전쟁 체험은 바로 국가가 깨져나가는 체험이다. 따라서 안보투쟁은 구체제를 살아낸 전쟁 체험자들의 자유를 향한 뒤틀린 염원이 진정한 신체제를 실현하는 동력으로 전화될 기회였다. 그렇다면 전쟁 체험은 전후 15년이 지나서야 비로소 진정한 의미의 체험으로서 정착했다고 말할 수 있다.

74 다케우치 요시미, 「전쟁 체험의 일반화에 대하여」, 「다케우치 요시미 선집 1」, 401쪽.

우리에게는 이미 60년의 공동 체험이 있다. 이것을 전쟁 체험의 결실로 보고 여기서 거꾸로 전쟁 체험으로 거슬러 올라가는 방법이 가능하지 않을까. 가능할 뿐만 아니라 필요하지 않을까. 그 방법을 탐구하는 일에 착수해야 한다. 그렇지 않으면 이번에야말로 전쟁 체험이 결정적으로 유산되어, 우리는 도로 자연주의의 포로로 돌아갈지 모른다. 60년의 체험은 본디 전쟁 중에 있어야 할 것이 15년 늦게 발생했다고 생각해도 좋다. 저것은 파시즘과 전쟁의 시기에 일어나는 저항의 모습이었다. 그 점에서 거꾸로 일본에서 전쟁은 아직 끝나지 않았으며 전쟁 체험도 지속된다고 생각할 수 있다. 자연주의 숙명관에 서지 않는 한 이런 사상의 조작은 가능하며 필요하다. 그로써 찢겨진 세대의 간극을 메우고, 자연주의를 극복할 계기를 움켜쥘 수 있지 않을까 생각한다.**75**

그런데 패전으로부터 이미 15년의 시간이 지나버렸다. 다케우치는 안보투쟁에 참가하면서 전전 세대와 전후 세대 사이에서 깊은 균열을 느꼈다. 다케우치는 "인격 성장기"를 1945년 이전에 맞이했는가로 전전 세대와 전후 세대를 나눈다. 전전 세대와 전후 세대 사이의 균열은 무엇보다 그런 체험의 차이에서 기인했다. 그리고 다케우치는 그 균열이 안보투쟁에서 국민적 연대를 도모하고자 할 때 장해물이 되고 있다고 판단했다.

같은 싸움에 나서고 있어도 세대마다 참가 동기, 운동에 부여하는 의미, 운동을 기억하는 방식이 달라진다. 다케우치는 안보운동이 고조되던 무렵부터 이 점을 고민하고, 운동이 주춤하자 바로 문제로 제출했다. "만약 당시 서로의 동기가   **75** 같은 글, 403쪽.

                                        사상의 번역

선명하고 동기의 차이도 선명하게 부각되었다면 좀 더 잘 연대할 수 있지 않았을까. 한 번은 생각해볼 일이다. 되돌아가 그것을 캐묻는 일은 결코 무의미하지 않다. 무의미하지 않을 뿐만 아니라, 연대의 기초를 튼튼히 다지기 위해 지금이라도 해야 한다."[76]

그리하여 '체험의 일반화'라는 테제를 내놓는다. 체험의 일반화란 단일 서사로 개별적 차이를 뭉뚱그리거나 굴곡들을 고르게 만든다는 의미가 아니다. 먼저 서로 간에, 특히 세대 간에 운동에 왜 참여했으며 운동을 어떻게 기억하고 있는지, 그 동기와 회상을 얼마나 공유하고 있는지 그 폭을 살피고, 각 세대를 시시각각 움직이는 과거 체험의 환기 작용을 서로 간에 얼마나 이해할 수 있는지 혹은 없는지를 확인하며, 그 안에서 서로 공유할 수 있는 사상의 자원을 끌어내는 것이다.

"이용할 수 있는 현재형으로 다시 씌어야 체험은 비로소 체험다워진다."[77] 한 개체의 특수한 틀에 갇혀 다른 이들의 체험과 맺어지기를 게을리한다면 그리고 사상적 가공을 거치지 않는다면 체험은 체험으로서 의미를 이루지 못한다. 다케우치는 체험의 일반화라는 테제를 꺼내 개체의 체험 안에서 분해 가능하고 성장 가능한 요소를 끄집어내 그것이 일종의 공공성을 열 수 있도록 개인의 체험을 연마하고자 했다.

그런 의미에서 「기본적 인권과 근대 사상」과 「우리의 헌법 감각」이 정치의 문제를 제도 혹은 담론의 위상에서 감각의 위상으로 끌어내리려는 시도였다면, 「전쟁 체험

76 같은 글, 395쪽.
77 같은 글, 397쪽.

의 일반화에 대하여」는 역방향, 즉 체험을 사상화하려는 시도였다고 말할 수 있을 것이다. 즉 현실 사건이 발생하고 그 사건에 대한 체험이 발생했을 때, 그것들의 가치가 시간과 함께 떠내려가지 않도록 사상적 생명력을 주입하고자 했다. 현실의 사건을 사상적 사건으로 바꿔내고, 개체의 체험을 사상적 체험으로 가공해내는 것이다.

큰 사건과 작은 사건

체험에 매몰된 체험은 진정한 체험이 아니다. 타인이 공유할 수 있는 형태로 씌어야 체험은 체험다워진다. 다케우치는 타인을 향해 그렇게 발언했을 뿐 아니라 자신의 체험을 그렇게 사상화했다.

5월 19일 국회에서 안보조약이 체결되기 전날인 18일 그는 '안보 비판의 모임' 대표의 한 사람으로서 기시 노부스케 수상과 면담했다. 그날의 일기와 메모를 토대로 작성한 글이 있어 가져온다.

> 나는 이렇게 발언했다. 만약 말을 한다면 이 말밖에 없다고 미리 생각해뒀다.
> "총리는 역사를 만드는 사람이다. 나는 역사를 쓰는 인간이다. 역사를 쓰는 인간으로서 한 말씀 드리고 싶다. 역사에서 인물을 평가할 때는 종종 마지막 행위가 결정적이다. 총리가 이러한 시기에 큰 용맹심을 발휘하기를 바란다."
> 우리는 '안보 비판의 모임'의 「사직권고결의」를 가지고 갔다. 이야

기를 그쪽으로 옮겨가야 한다는 초조함이 있었지만, 나는 기껏해야 이렇게 말하는 수밖에 없었다. '총리'라는 말을 꺼내기가 거북스러웠지만, 부족할 바 없는 호소이니 다른 말을 선택할 수는 없었다. 이것도 미리 준비해둔 것이다.

나중에 생각하니, 이날의 회견은 상대의 술책에 말려든 감이 없지 않다. 우리는 사람이 좋았던 것이다. 그러나 달리 이루어야 할 무엇이 있겠는가. 파시스트의 혀는 긴 법이다. 우리의 소박한 '진정陳情'에 어쨌든 귀를 빌려준, 혹은 빌려주는 체한 상대의 아량을 칭찬해도 괜찮겠다.

그런 다음 학교에 가서 수업을 두 개 했다.[78]

다음 날인 5월 19일 늦은 밤에 일본 국회는 안보조약을 강행 체결했다. 헌법에 보장된 청원권을 행사하는 학생과 노동자 2만 명이 국회를 에워쌌지만 기시 정권은 민중의 목소리를 외면하고 계획대로 조약을 통과시켰다.

위의 글은 그 뒤 작성되었다. 그런데 자신의 설득이 무위로 돌아간 걸 겪고 나서 쓴 글로는 너무 담담하지 않은가. 다케우치는 기시 노부스케를 '파시스트'라고 부르면서도 상대의 아량을 인정하고 있다. 그리고 막중한 역할을 소화한 뒤 학교로 돌아와 수업을 했다며 차분히 글을 끝맺는다.

글에서는 드러나지 않았지만 이 수업을 마치고 다음 날 다케우치는 도쿄도립대 교수직을 사직했다.

78 竹内好, 「大事件と小事件」, 「竹内好全集第九卷」, 筑摩書房, 1981, 146~147쪽, 초출: 「世界」 제176호, 岩波書店, 1960.

그리고 21일에 「사직이유서」를 써서 동료들에게 배포했다. 하지만 그 내용도 다소 모호한 구석이 있다. 교수직에 취임할 때 공무원으로서 헌법을 지키겠다고 서약했는데, 헌법이 무시당하는 상황에서 교수직을 유지한다면 서약을 저버리는 꼴이니 그만두겠다는 게 이유였다. 안보조약 체결과 교수직 사직 사이에는 논리적 정합성이 결여되어 있다. 다케우치 스스로도 제대로 설명하지 못했다. 다만 그는 결심을 행동으로 옮겼다.

그런데 다케우치의 「사직이유서」는 《아사히신문》 및 몇몇 간행물에 전문이 게재되며 크게 회자되었다. 그리고 다케우치가 그만두었다는 소식에 대학에서 시위가 일었다. 시위대가 들었던 표어는 "다케우치 그만두지 말고 기시 그만둬라"였다.

하지만 결과적으로 사회적 반향을 불러왔기에 다케우치의 사직이 의미를 갖는 것은 아니다. 그 행위는 다케우치가 살아가는 모습을 보여준다. 앞서 밝혀두지 못했는데, 인용한 글의 제목은 「큰 사건과 작은 사건」이다. 다케우치의 사직을 고려한다면 '큰 사건'은 총리면담과 안보조약 체결일 테고 '작은 사건'은 학교 수업과 교수직 사직일 것이다. 비록 논리적 단층이 가로놓여 있지만 그리고 스스로도 이음매를 논리적으로 설명하지 못하지만 다케우치는 큰 사건과 작은 사건을 포개놓았다. 안보투쟁 시기만이 아니었다. 그는 큰 사건의 의미를 신변의 작은 사건 속으로 가져와 음미하고, 음미한 내용을 큰 사건으로 가져가 통념에 결박당한 사건의 진실된 모습을 드러내곤 했다. 그때 필요한 것은 논리적 설명보다는 자신을 내거는 행

사상의 번역

위다.

다케우치는 이처럼 자신의 체험을 공유 가능한 체험으로 번역해냈다. 그러나 다케우치의 체험담은 날것 그대로의 이야기가 아니다. 스스로가 자신의 체험을 대상으로 삼아 몇 번이고 그 속으로 드나들며 의미를 거듭 곱씹었기에 그의 체험담에는 다른 이들과 공유할 수 있는 요소가 새겨져 있다. 동시에 거기에는 번역 불가능한 요소가 있다. 「큰 사건과 작은 사건」도 「사직이유서」도 논리적 파탄과 비약이 있다. 두 편만 그런 게 아니다. 루쉰의 잡감처럼 다케우치가 들려주는 체험담은 불투명하다. 따라서 독자가 다케우치의 글을 읽는다고 그의 체험을 그대로 자기 것으로 만들 수는 없다. 거기에는 어떤 정신적 문턱이 있으며, 독자는 자기전환을 통해 체험의 의미를 자기 안에서 스스로 구성해야 한다. 그때 필요한 것도 자신을 내거는 행위다.

4장　민족과 주체

비판과 건설의 이중과제

1945년 8월 6일, 히로시마에 원자폭탄이 투하되었다. 8월 8월, 소련이 일본에 선전포고했다. 8월 9일, 나가사키에 원자폭탄이 투하되었다. 8월 15일, 천황이 패전을 선언했다.

　그러나 개전을 포고했던 천황이 여전히 칼을 거두라고 명령하는 주체였다는 점에서 일본의 국체는 보호되었다고 말할 수 있다. 동맹국이었던 이탈리아에서 무솔리니는 교수형을 당했고, 독일에서는 함락된 베를린의 지하 방공호에서 히틀러가 불탄 시체로 발견되었다. 그러나 천황은 자연사하기까지 긴 수명을 누렸다.

　패전 뒤 다케우치 요시미는 곤란한 상황에 직면했다. 전쟁의 끔찍한 기억을 머금고 있기에 제국주의로까지 치달은 민족주의를 경계해야 하지만, 동시에 비틀린 조건 속에서 민족의 주체성을 회복해야 했다. 일본의 국가주의 내지 민족주의가 지닌 제국주의적 속성을 들춰내는 일이라면 비판의 역할과 범위가 비교적 분명하지만, 거기에 미국에 의한 식민화와 일본의 독립이라는 주제가 더해지면 비판만으로는 충분치 않은 것이다.

사상사적으로는 이런 상황이었다. 서구의 식민지가 되지 않으려 나섰던 길에서 아시아의 식민자가 되고, 식민자에서 벗어나자마자 일본은 다시 미국의 (준)식민지가 되었다. 패전으로 승자인 미국에 종속되면서도 그것을 부정할 도덕적 정당성을 상실했다. 더구나 일본은 자신이 따라온 서구산 가치판단에 의해 스스로 고발당했다(패전과 도쿄재판). 그렇다면 대체 무엇에 발 딛어 이렇듯 뒤틀린 조건 안에서 민족의 주체성을 세울 수 있단 말인가. 일본 민족주의에 대한 비판과 건설의 이중과제를 수행할 자원을 어디서 구할 수 있단 말인가.

당시 사상계는 이런 상황이었다. 패전 뒤 연합국이 국경을 정해 일본은 대부분의 식민지를 포기했다. 사상계도 국제정치적 조건에 제약당해 지식인들은 식민지(아시아) 문제를 덮어두고 전후에 정의된 일국 테두리 안에서 주로 사고했다. 일본의 '종전'을 동아시아의 맥락에서 이해한다면 한반도에서는 '해방'을, 중국에서는 항일전쟁의 '승리'를, 타이완에서는 조국으로의 귀환을 뜻하는 '광복'을 의미했다. 그렇듯 8·15의 의미는 동아시아 차원에서 분기했고 그러한 분기가 동아시아 전후사의 입체성을 빚어내지만 일본의 사상계는 그 의미를 읽어낼 만한 시야를 잃고 있었다.

그리하여 일본의 민족적 주체성을 재건하는 일도 중요했지만, 다케우치에게는 아시아 침략 전쟁에 관한 일본의 책임 추궁도 절박한 과제였다. 전후 일본인에게는 전쟁 책임을 진다는 의식이 흐릿했다. 전쟁책임론이 성립하려면 가해자 의식의 지속이 전제되어야 하는데, 전후 일본에서는 전쟁 체험담이 만연했지만 죄의식보다는 피해의식을 동반한 게 다수였다. 한편 진보적 지식인은 전쟁의 침략성을 따져 물었지만 일본인의 책임감 형성으로 이어지지 못했다. 오히려 좌익의 민족주의 비판은 패전 뒤 일본인이 지닌 복잡한 민족의식이 머무를 자리를 마련해주지 못한 까닭에 우익이 일본인의 감정에 호소해 세를 모을 수 있는 빌미를 내주곤 했다.

따라서 다케우치는 일본인의 쓰라린 전쟁 체험을 어루만지되 그것을 내셔널한 비좁은 영역으로부터 끄집어내 아시아를 향한 책임감으로 전화시키는 과제와 맞닥뜨렸다. 그런데 아픔이 일본인만의 아픔인 채로 머문다면 아시아를 향한 책임감으로 자라날 수 없다. 개체의 수준에서도 그러하지만 민족의 수준에서도 체험에 매몰된 체험은 진정한 체험이 될 수 없는 것이다.

다케우치는 일본인의 아픔을 아시아를 향한 책임감으로 전화할 수 있는 매개를 발굴해야 했다. 그는 전후에 자신이 맞닥뜨린 또 하나의 과제를 그 매개로 삼았다. 바로 서구추종주의에서 벗어나 다원적 문명관을 수립하고 이로써 일본인의 주체성을 재건하는 일이었다. 패전 이후 성사시키지 못하고 있던 그 과제를 실현할 계기를 다케우치는 15년이 지난 뒤 안보투쟁에서 발견했다. 안보투쟁에서 그는 전쟁 체험에 전쟁 책임을 주입해 전쟁 체험을 개체의 체험, 일본인만의 체험으로부터 끄집어내 아시아로 시야를 확장시킬 기회를 노렸다. 물론 때늦었다고 말할 수 있다. 그러나 그때야말로 제때였는지 모른다. 사상에 늦은 때란 없다. 사상에게 제약의 조건은 가능성의 조건이다. 적어도 다케우치 요시미에 관해 말하자면 그는 잃어버린 과거의 기회를 오늘날 되살리는 일을 자신의 역할로 삼았다. 하지만 그의 분투는 번번이 좌절되었다.

굴욕의 사건

패전 당시 다케우치 요시미는 중국에 있었다. 1943년 12월『루쉰』을 탈고하고 난 뒤 징병되었으며 1945년 8월 15일에는 웨저우에 있었다. 소집해제 명령을 받은 것은 8월 31일이었다. 그러나 일본으로 돌아온 것은 1946년 7월이 되어서였다. 다케우치는『루쉰 잡기』의「후서」에서 "1946년 여름에 해방되었을 때 나는 다시 한번 걷기 시작해야 한다는 무거운 짐을 느꼈다"[79]고 적고 있다.

다케우치 요시미는 1910년생이다. 그리고 1977년에 숨을 거뒀다. 그렇다면 패전은 생애의 꼭 절반을 가르고 있다. 다케우치는 일본이 아시아로 확장해간 시대에 생애의 전반부를 보냈다. 한국병합의 해에 태어나 1932년 만주국이 세워지던 무렵 성인이 되었다. 그리고 1937년 전면적인 중일전쟁이 시작

79 竹内好,『魯迅雜記』, 「後書」, 世界評論社, 1949.

되었고 1941년 태평양전쟁이 발발한 뒤 일본 제국은 동남아시아 등지로까지 확장을 거듭했다. 그러나 막대한 인명을 소모하며 구축된 제국은 1945년 8월 "메이지 유신 당초의 깨알 같은 섬나라"로 돌아왔다. 전후 일본은 동서냉전의 서측 진영에 소속되어 군사·경제·정치 영역에 걸친 미국 극동정책의 모범생이 되었다. 다케우치는 바로 그 '전후'에 정력적으로 평론 활동에 나섰다.

그러나 8월 15일이 그러했듯 전후 또한 지역에 따라 의미가 달라진다. 지역에 따라 전후로 명명할 수 있는 시간 자체가 달랐다. 한반도에서 '전후'라면 실상 한국전쟁 이후를 뜻하며, 중국에서는 1945년 8월보다 국공내전이 끝난 1949년 10월이 전후의 출발점이 될 것이다.

어쩌면 다케우치 자신에게도 1945년 8월 15일은 전후의 실질적인 분기점이 될 수 없을지 모른다. 앞서 인용구에서 그는 "1945년 여름"이 아닌 "1946년 여름"을 다시금 사상적 행보에 나설 기점으로 적었다. 중국 전선에서 돌아오기까지 1년의 시간이 더 소요되었기 때문이다. 그렇다면 내지의 8·15 체험과 달리 외지(전장)의 인양 체험은 8·15에 관한 또 다른 해석틀로 작용할지 모른다. 가령 다케우치는 마루야마 마사오丸山眞男와 아라 마사히토荒正人와 같은 전후 민주주의자의 전후관, 즉 1945년 8월 15일을 '전후' 혁명의 기점으로 보는 시각을 공유할 수 없었다. 다케우치는 차라리 그날을 굴욕으로 기억했다.

「굴욕의 사건」이라는 글이 있다. 이 글의 서두에서 다케우치는 말한다. "8·15는 내게 굴욕의 사건이다. 민족의 굴욕이며 나 자신의

사상의 번역

굴욕이다."**80** 물론 패전은 일본 민족에게 굴욕이었다. 그러나 그가 굴욕을 느낀 것은 패전해서가 아니었다. 다시 말해 바깥의 적이 안기지 않았다. 패전을 받아들이는 일본인의 자세가 그에게는 굴욕적이었다. "8·15 시기에 인민정부를 수립한다는 선언이라도 있었다면, 설령 미약한 소리였고 성사되지 못했을망정 오늘날의 굴욕감으로부터 얼마간 구제되었으련만. 그런 일은 아무것도 일어나지 않았다. 우리는 고귀한 독립의 마음을 이미 8·15에 잃지는 않았던가. 지배민족으로 섰쳐 독립의 마음을 잃고, 독립의 마음을 잃은 채 지배당하는 처지에 놓인 것이 오늘날 우리 모습이지 않은가."**81**

이어서 다케우치는 자신이 중국 전선에서 느꼈던 감상을 밝힌다. 패전의 소식이 전해진 "그날 오후 나는 복잡한 심경에 잠겼다. 희열·비애·분노·실망이 뒤섞인 기분을 맛봤다. 당시 심경은 오늘의 나로서는 아직 발로 밟아본 일 없는 황야처럼 끝없이 넓어진다."**82** 그리고 그때 들었던 어느 일화를 옮긴다. "패전 소식이 전해지자 대원 모두 목 놓아 울었다고 한다. 그들은 꼬박 하루를 울었다. 그러고는 자버렸다. 다음 날 눈을 뜨자 일제히 귀국 준비를 위해 몸단장을 했다."**83** 이렇듯 단문으로 처리한 문장에 그는 자신의 굴욕감을 꾹꾹 눌러 담았다. 일본인은 전쟁에 나설 때도 패할 때도 같은 자세였다. 총력전으로 빨려들어갔을 때도 저항하지 못했으며, 전쟁에서 패배한 순간조차 그 사실을 묵묵히 받아들였다.

다케우치 요시미는 전쟁의 끝자락에 이런 상상을

80 다케우치 요시미, 「굴욕의 사건」, 『다케우치 요시미 선집 1』, 30쪽.
81 같은 글, 31쪽.
82 같은 글, 34쪽.
83 같은 글, 36쪽.

했다. 패전으로 일본은 분열된다. 미군이 상륙작전을 펴면 주전파主
戰派와 화평파和平派로 갈리고 혁명운동이 전국을 뒤덮는다. 그러면
군대는 통수 능력을 잃어 각지의 파견군은 파르티잔이 된다. 천황제
국체는 혼란 속에 와해되고 거기서 민주공화국이 탄생할 기회를 거
머쥔다. 따라서 패전이 필연이었다 해도 다케우치는 저렇듯 거국일
치라는 패전의 모습을 용납할 수 없었다.

다케우치는 곧잘 전후 일본은 '식민지'라고 말했다. 물론 일본
은 GHQ의 관리하에 놓였다. 하지만 그는 국가 주권을 온전히 행사
하지 못해서가 아니라 일본인들이 정신적으로 독립하지 못했기에
일본을 식민지라고 불렀다. 그리고 식민 상태는 어느 순간에 찾아온
것이 아니다. 전쟁 기간에 반제국주의 투쟁을 접었던 때 시작되었으
며 "전쟁 중 완벽한 노예성을 발휘했을 때, 그로써 전후에는 완전한
식민지가 되었다."**84**

그는 8·15를 식민지(노예상태)에서 벗어날 기회로 상정했다. 그
토록 혹독한 대가를 치렀다면, 그토록 혹독한 피해를 입었다면 스스
로 깨져 갱신할 기회라도 얻어야 하지 않겠는가. 하지만 그 기회는
불발되었고 다케우치는 15년을 더 기다려야 했다.

쑨거는 다케우치의 패전 체험을 이렇게 추체험한다.

다케우치 요시미로서는 일본의 사상 전통을 형성
해야겠다는 강렬한 의식이 전후 순간의 '희열, 비
애, 분노, 실망'이라는 복잡한 감정에서 그 형태를

84 다케우치 요시미, 「국
민문학의 문제점」, 『다케우
치 요시미 선집 1』, 253쪽.

사상의 번역

획득했다. 일본 민족이 독립의 마음을 갖길 바랐던 기대와 그 기대가 배반당한 사실에 대한 분노로 구체화된 것이다. 8월 15일을 경계로 하여 다케우치 요시미가 전쟁을 두고 꺼낸 모든 발언은 이날의 복잡한 감정을 바탕에 두고 있다. 이후 그는 이날에 느꼈던 뭐라 형용하기 어려운 심정을 둘러싸고 자신의 사고를 전개했다고 말할 수 있지 않을까. 사상사적 문제로 보자면, 다케우치 요시미는 전쟁과 패전의 의의를 국가 간 관계의 문제로서 다루지 않았다. 무엇보다도 국가 내부의 정치, 사회, 사상 구조의 재편성으로 향했다. 다케우치 요시미는 그 재편성을 가능케 하는 가장 큰 계기가 패전의 순간에 깃들어 있다고 여겼을 것이다. 그러나 소수의 부분적 저항을 예외로 한다면 일본 내부는 전혀 동요하지 않았으며, 전 국민은 거국일치로 천황의 조서에 굴종했다. 다케우치 요시미는 기회를 잃었음에 낙담했다.**85**

그런데 여기서 쑨거는 당연하면서도 중요한 사실을 상기시켜준다. 「굴욕의 사건」은 1953년에 작성되었다. 패전 직후 자신의 쓰라림을 그대로 토해낸 글이 아니다. 쑨거는 이렇게 이해한다. "「굴욕의 사건」이 당시 감정을 그대로 담금질했다고 생각해선 곤란하다. 그러나 뒤집어 말하면, 시간의 여과는 다케우치의 사상세계로 접근하는 데 가장 빠른 길잡이가 된다. 왜냐하면 다케우치가 시간의 여과를 거쳐 자신의 감정을 제련했기 때문이다. 그로써 다케우치 요시미는 전쟁이 중국과 일본의 인민에게 남긴

85 228~229쪽.

상처를 보듬는 일보다, 전쟁의 성격을 규명하는 일보다 일본의 '독립의 마음'을 기르는 데 관심을 두었음을 짐작할 수 있다."[86]

그런데 1953년은 어떤 해인가. 샌프란시스코 강화조약으로 일본이 '독립'한 이듬해이며, 한국전쟁이 정전한 해이며, 동아시아에서 냉전체제가 확립되고 일본이 전후 부흥의 궤도를 올라타려던 시기였다. 다케우치는 이 상황에서 패전의 굴욕감을 꺼냈다. 그리고 「굴욕의 사건」에 담긴 혁명에 대한 엇나간 상상은 패전 시기 "미약한 소리였고 성사되지 않았을지언정" "8·15 시기에 인민정부를 수립한다는 선언"조차 나오지 않은 역사적 실상황과 대비를 이루고 있다. 다케우치는 무엇을 의도했겠는가. 패전 무렵 빗나갔던 그의 상상을 지금 꺼내는 것은 '전전은 끝났다'며 축배를 들던 분위기에 찬물을 끼얹고 전전의 시간을 연장하여 지금이 진정한 독립인지를 되묻게 만든다.

진정한 독립은 미국의 속국이라는 국제 지위에서 벗어나는 것이 아니라 패전의 진통으로 일본인을 단련하고 민주공화국을 건설할 때 실현된다. 그러나 일본인은 '독립의 마음'을 지니지 못했다. 이 민족은 무기를 들 때도 내려놓을 때도 주체적 자세를 잃고 있었다. 전쟁에 나가라고 명했던 천황이 내린 한 조각 조서로 나라 전체가 패전을 받아들였다. 거기에 다케우치는 굴욕감을 느꼈다. 그리하여 다케우치는 일본인이 저항정신을 결여하고 있으며 인격적 강도가 떨어진다는 사실을 직시하고 거기서 자신의 과제를 발견했다. 바로 안보투쟁으로까지 이어지는 과제였다.　**86** 230쪽.

또한 그 과제를 이어가는 것이 다케우치의 '전후'였다. 즉 다케우치의 전후란 전쟁으로부터 점차 멀어지는 것이 아니라 전쟁의 의미를 되새기는 시간대였던 것이다.

깨어난 노예

다케우치 요시미는 일본인이 몸에 배인 천황제의 감각(체제가 아니라)을 떨쳐내지 못하고, 그리하여 일본인 한 명 한 명이 독립된 주체로 성장하지 못해 아프고 또 굴욕감을 느꼈다. 8·15의 굴욕감은 그날 이후로도 지속되었다. 다케우치는 그 굴욕에서 벗어나려는 노력을 게을리 하여 일본은 독립을 잃었다고 주장했다. "이름은 독립이었으나 실은 남의 노예였다. 오늘날 점령은 그 당연한 귀결이지, 패전으로 독립을 잃은 게 아니다. 우리 세대는 체험으로 이를 깨우쳤다."[87]

전후의 사상계에서 다케우치는 일본인이 어떻게 주체성을 기를 수 있는지, 앞으로 다시는 침략 전쟁을 저지르지 않기 위해 어떻게 노예근성을 솎아내야 하는지를 집요하게 파고들었다. 이제 여기서 다케우치의 노예론을 정리해두자. 방금 인용한 문장만이 아니라 다케우치는 여러 차례 주체성을 논할 때 노예 이야기를 가져왔다. 물론 이것이 자신의 '노예론'이라며 다케우치가 글을 내놓은 적은 없다(있을지도 모른다. 나는 무척 제한된 글을 읽었을 따름이다). 하지만 노예론이 그의 사고에서 중심축 가운데 하나임은 분명하다.

87 다케우치 요시미, 「나라의 독립과 이상」, 「다케우치 요시미 선집 1」, 97쪽.

다케우치의 노예론에서 핵심은 '깨어난 노예'와 '노예근성'을 구분하는 데 있다고 보인다. 먼저 깨어난 노예의 전형은 바로 루쉰이었다. 깨어난 노예의 구체적 이미지가 「근대란 무엇인가」에 나온다. 「근대란 무엇인가」는 원래 「중국의 근대와 일본의 근대」라는 제목으로 먼저 발표되었는데 그때 부제가 '루쉰을 단서로 삼아'였다. 아울러 「근대란 무엇인가」의 모태가 된 글은 「루쉰이 걸어간 길: 중국에서 근대의식의 형성」이었다.

다케우치는 「근대란 무엇인가」에서 루쉰의 저항을 검토하고자 「철방의 비유」와 「현인과 바보와 노예의 우화」를 활용했다. 하지만 두 작품을 따로 다루지 않고 「현인과 바보와 노예의 우화」를 소재로 꺼내놓고 이를 해석할 때 「철방의 비유」를 사용했다.

「현인과 바보와 노예의 우화」는 이런 이야기다. 주인이 맡긴 일을 고되다고 생각하는 노예가 있다. 노예는 현인을 보자 불평을 뇌까린다. 현인은 조만간 운이 트일 것이라고 위로한다. 노예는 또 바보를 만나 집에 창문조차 없다며 불평을 늘어놓는다. 그러자 바보가 창문을 터주겠답시고 벽을 부순다. 노예는 바보를 말리다가는 결국 쫓아낸다. 그리고 자신이 도둑을 쫓아냈다고 주인에게 고한다. 주인은 칭찬한다. 주인이 도둑맞을 뻔했다는 소식을 듣고 현인이 찾아온다. 현인을 만난 노예가 "과연 선생의 안목이 높습니다요. 주인이 저를 칭찬해주시더라니까요. 제게 운이 틀 모양입니다"라며 예를 차리니, 현인도 즐거운 듯이 답한다. "그런가 보네."

「철방의 비유」는 루쉰의 작품 『납함』의 「자서」에 나온다. 이런 내용이다. '나'는 말한다. "가령 말일세, 창문도 없고 절대로 부술 수도 없는 쇠로 된 방이 하나 있다고 하세. 그 안에서 많은 사람이 깊이 잠들어 있네. 오래지 않아서 모두 숨이 막혀 죽을 거야. 그러나 혼수 상태에서 죽어가니 죽음의 비애 따위는 느끼지 못할 걸세. 지금 자네가 소리를 크게 질러 비교적 의식이 뚜렷한 몇 사람을 깨운다 한들 소수의 불행한 이들에게 구제될 수 없는 임종의 고초를 겪게 한다면 자네는 그들에게 미안하지 않겠는가?" 그러자 상대는 대꾸한다. "그러나 몇 사람이라도 일어난다면 쇠로 된 그 방을 부술 희망이 전혀 없다고는 할 수 없지 않은가?" '나'는 생각한다. "그렇다. 나는 비록 내 나름대로의 확신을 가지고 있었지만, 희망에 대해서 말하자면 그것을 말살시킬 수는 없는 것이다. 왜냐하면 희망이라는 것은 미래를 향하니 반드시 없다고 하는 내 확신을 가지고, 있을 수 있다는 그의 주장을 꺾을 수는 없기 때문이다."[88]

　　원래 「철방의 비유」는 잡지 《신청년》을 꾸리겠다던 이들에게 루쉰이 빈정거리며 말을 붙였다가 그들이 이렇게 응수하자 희망에 관해 생각하게 되었다는 이야기다. 그러나 다케우치는 이 작품을 꺼내 놓고는 희망보다 깨어나고도 달아날 곳이 없는 현실의 고통에 초점을 맞춰 풀이한다. 그래서 그는 루쉰의 위치를 철방 안의 사람들을 깨워야 할지 고민하는 자가 아니라, 갈 곳이 없는데도 깨어난 자로 잡아준다. 「현인과 바보와 노예의 우화」와 포개서 말한다면, 루쉰은 현인도 바보도 아니며 바로 노예 자신이다. 그러나 작품 속의 노예와 달리 깨어난 뒤에 가

88 루쉰, 「자서」, 『루쉰 소설 전집』, 김시준 옮김, 서울 대학교 출판부, 1996, 8쪽.

야 할 길이 없는 가장 고통스런 상황을 참고 견디는 노예다.

> 나도 꿈을 꾸고 싶은 사람이다. 가급적 깨어나고 싶지 않았다. "인생
> 에서 가장 고통스러운 것"을 피해가고 싶었다. 그러나 나는 깨어난
> 사람을 보고야 말았다. "꿈에서 깨어났는데도 가야 할 길이 없고"
> "인생에서 가장 고통스러운 것"을 체험한 사람을 만나고 말았다. 루
> 쉰이다. 깨어나면 어쩌지. 나는 공포를 느끼면서도 루쉰에게서 달
> 아날 수 없었다. 루쉰은 이렇게도 쓰고 있다. "우리는 남에게 희생을
> 권할 권리가 없습니다만, 그렇다고 해서 남이 희생되는 걸 막을 권
> 리도 갖고 있지 않습니다." 루쉰은 왜 깨어났는가. 어떻게 깨어났던
> 가. 나는 거기에 마음을 두지 않을 수 없다.**89**

사실 이 대목에는 루쉰의 「노라는 떠난 뒤 어떻게 되었는가」에 나오
는 일구도 포개져 있다. "인생에서 가장 고통스러운 것은 꿈에서 깨
어났을 때 갈 수 있는 길이 없다는 것입니다. 꿈을 꾸는 사람은 행복
합니다. 만일 갈 길이 없다면 가장 중요한 것은 그를 놀래켜 깨우지
말아야 한다는 것입니다."**90**

　이를 다시 「현인과 바보와 노예의 우화」로 가져가
해석한다면, 바보도 현인도 잠들어 있는 노예를 구할
수 없다. 노예는 바보에게 구원받기를 거부하며 현인의
구원이란 노예를 깨우지 않고 꿈을 꾸게 내버려두는
일이기 때문이다. 그렇다면 노예는 어떻게 구원될 수

89 다케우치 요시미, 「근
대란 무엇인가」, 『다케우치
요시미 선집 2』, 246쪽.
90 루쉰, 「노라는 떠난
후 어떻게 되었는가」, 『무
덤』, 홍석표 옮김, 선학사,
2003, 222~223쪽.

사상의 번역

있는가. 노예 스스로 자신을 구원해야 하는가.

다케우치는 이렇게 말한다. 구원을 바란다는 사실이 자신을 노예로 만들고 있다. 노예에서 벗어나려면 가야 할 길 없는 고통스러운 상태지만 깨어나 자신이 노예임을 자각해야 한다. 그 공포를 견뎌야 한다. 만약 공포를 견디지 못한 채 구원을 바란다면 그는 노예라는 자각마저 잃는다. "굳이 말하자면 구원을 바라지 않는 것이 그의 구원이다."[91]

노예임을 거부하고 동시에 해방의 환상도 거부하는 것, 그렇게 자각을 품고서 노예인 것. 다케우치가 본 노예 루쉰은 갈 길은 없으나 깨어났으니 가지 않을 수 없는, 아니 갈 길이 없어서 가야만 하는 상태였다.

그것이 루쉰에게 있는 그리고 루쉰 자체를 이루는 절망의 의미다. 절망은 길이 없는 길을 가야 하는 저항에서 나타나며, 저항은 절망의 행동화로 드러난다. 이는 상태로 보면 절망이고 운동으로 보면 저항이다. 거기에 휴머니즘이 끼어들 자리는 없다.[92]

노예근성

91 竹内好, 「狂人日記について」, 『隨筆中國』 3호, 東方書房, 1948.
92 다케우치 요시미, 「근대란 무엇인가」, 『다케우치 요시미 선집 2』, 249쪽.

반면 진정한 노예는 자신이 노예라는 자각을 거부하는 자다. 자신이 노예가 아니라고 믿을 때 노예는 진정한 노예가 된다. 그리고 노예는 자신이 노예의 주인이 되면 유감없이 노예근성을 발휘한다. 루쉰은 "노예와 노예의 주인은 같은 자다"라고 말했다. "주인이 되어 남들을 모두 노예로 부리는 자는 주인이 생기면 노예임을 감수한다"고도 말했다. "폭군 치하의 신민은 폭군보다도 포악하다"고도 말했다. 노예가 노예의 주인이 된다고 노예의 해방은 아니다. 노예의 주관 속에서만 해방일 뿐이다.

'깨어난 노예'의 전형이 루쉰이라면 '노예근성'의 집약체는 일본이었다. 다케우치는 그렇게 보았다. 「기본적 인권과 근대 사상」으로 돌아가보자. 앞서 말했듯이 그는 안보조약이 강자와 손을 잡고 약자를 내리누르는 일본인의 추악한 차별감을 농축하여 반영한다고 여겼다. 그래서 안보투쟁에 임할 때도 운동의 현실적 성패만큼이나 일본인의 평등 감각을 기르는 데 주력했다. 이를 위해 그는 강연에서 루쉰의 노예론을 꺼냈다.

> 루쉰이라는 문학가가 이런 이야기를 합니다. 주인에게 귀여움을 받는 노예는 자기가 주인이 되면 자신이 부리는 노예를 혹사시킨다. 루쉰은 노예라는 표현을 곧잘 사용합니다. 그때 노예는 사회관계에서 실제로 존재하는 계급으로서의 노예가 아니라 대인관계에 여전한 봉건유제의 차별감을 가리킵니다. 따라서 노예가 노예의 주인이 된다고 노예가 해방되는 것은 아니라고도 말합니다. 즉노예는 왜 있는가, 노예의 주인이 있기 때문이죠. 그런고로 노예가노예의 주인이 된다고 해방되는가, 노예가 아니게 되는가 하면, 그

사상의 번역

렇지 않다, 노예의 주인 또한 노예다, 이러한 철학입니다. 착취 관계 내지 차별 관계가 존재한다는 것은 관계 자체의 문제라는 말입니다. 이것은 사람 사이를 두고 한 이야기입니다만, 나라와 나라의 관계도 마찬가지라고 생각합니다.[93]

노예가 노예의 주인이 된다고 노예에서 벗어나는 것은 아니다. 자신이 착취와 차별의 한 축이라는 사실을 자각하지 못한다면 변함없이 노예다. 오히려 노예는 노예의 주인이 되었을 때 노예근성을 유감없이 발휘한다. 다케우치는 이 명제가 사람들 사이만이 아니라 나라 간에도 적용된다고 강조했다. 일본인이 독립된 인격을 이루지 못한 까닭에 안보조약과 같은 반속국의 자기 구속이 나왔다. 일본은 1950년대 경제성장을 경험했지만 노예의 자리를 박차고 나오지 못한 것이다. 그리고 그런 역사적 경위는 일본 문화의 구조적 속성에서 비롯된다.

일본은 근대화되면서 유럽을 향한 열등감에 시달리며 맹렬히 유럽을 뒤쫓았다. 유럽의 위치에 서야 자신이 노예상태에서 벗어날 수 있다고 여겼다. 즉 노예의 주인이 되어 노예로부터 벗어나고자 했다. 그러나 자신이 착취와 차별 관계의 한 축임은 자각하지 못했다. 그 자각 없이 유럽에 닮아가기를 원했다. 그 방면에서 일본 문화는 빼어난 성과를 거두었다. 그 우수성 탓에 유럽에 저항하는 아시아의 다른 나라들은 뒤떨어진 것처럼 보였다. 그리고 일본은 노예의 주인이 되어 아시아의 다른 나라

93 다케우치 요시미, 「기본적 인권과 근대 사상」, 『다케우치 요시미 선집 1』, 337쪽.

위에 군림했다. 그때 노예근성은 찬연히 발휘되었다. 다케우치는 말한다. "우월감과 열등감이 병존하는, 주체성을 결여한 노예 감정의 근원이 여기에 있으리라."**94**

쩡짜, 자기부정의 원리

쑨거는 「근대란 무엇인가」의 '현인과 바보와 노예의 우화' 그리고 '철방의 비유'를 분석한 뒤 이렇게 묻고 답한다.

> 일본의 '휴머니스트 작가'라면 어떨까? 다케우치는 이렇게 말한다. 그들은 감히 이 우화를 루쉰처럼 다루지 못할 것이다. 그들의 붓 아래서 노예는 현인에게 구원받거나 바보에게 구원될 것이다. 혹은 스스로를 구원할 것이다. 결국 깨어났음의 고통을 그리지 않을 것이다. 일본의 휴머니스트 작가와 루쉰 사이에는 근본적 차이가 존재한다. 전자는 주어지는 '해방'을 구하여 노예라는 자신의 처지를 인정하지 않고 그렇게 손에 넣은 환상의 해방에 안주하고 만다. 후자는 주어지는 해방을 거부하고 마주한 절망적 상황을 직시함으로써 절망에 절망하며, 그러한 극한 상태의 쩡짜 속에서 저항을 만들어간다.**95**

다케우치 역시 같은 대답을 할 것이다.

94 다케우치 요시미, 「근대란 무엇인가」, 「다케우치 요시미 선집 2」, 233쪽.
95 140쪽.

사상의 번역

오늘날에는 해방운동 자체가 노예적 성격을 벗어나지 못할 정도로 노예근성에 찌들었다. 해방운동의 주체는 자신이 노예임을 자각하지 못하고 자신은 노예가 아니라는 환상 속에 머물면서 노예인 열등생 인민을 노예로부터 해방시키고자 한다. 깨어난 고통을 겪지 않으면서 상대를 깨우려고 한다. 그런 까닭에 별짓을 해봐도 주체성은 나오지 않는다. 즉 깨울 수가 없다. 그래서 주어져 마땅한 '주체성'을 찾아 바깥으로 나선다. 이런 주체성의 결여는 자기가 자기 자신이 아니라는 데서 초래된다. 자기가 자기 자신이 아님은 자기 자신이기를 방기했기 때문이다. 즉 저항을 방기했기 때문이다.[96]

여기서 나는 각 인용구의 말미에 나오는 두 용어를 주목하고 싶다. '쩡짜' 그리고 '저항'이다. 낯선 용어인 쩡짜는 다케우치 요시미가 곧잘 사용하는 말로서 루쉰에게서 가져온 것이다. 쩡짜라는 말은 지금 처음 꺼냈지만 그 뜻은 이미 밝혀두었다. 바로 서두에서 진정한 '사상적 만남'은 자신을 상대에게 투입하고 끄집어내는 과정을 거치면서 자신을 갱신하는 것이라고 말했는데 그게 바로 쩡짜의 의미다. 아니, 의미라기보다는 쩡짜의 한 가지 용례라고 해야 할 것이다. 쩡짜는 사상적 만남에서도 생길 수 있지만, 사상이 살아가는 법이자, 지식을 일구는 방식이자, 더 나아가면 동양이 자신의 근대를 실현하는 길일 수도 있는 것이다.

가령 사상이 살아가는 법의 용례는 루쉰에게서

96 다케우치 요시미, 「근대란 무엇인가」, 『다케우치 요시미 선집 2』, 251쪽.

확인해두자. 다케우치는 말한다. "루쉰은 이러했다. 물러나지도 추종하지도 않는다. 먼저 자기를 신시대와 대결하도록 만들고 쩡짜로 자신을 썻고, 씻긴 자신을 다시 그 속에서 끄집어낸다. 이런 태도는 한 명의 강인한 생활자라는 인상을 풍긴다. 루쉰만큼 강인한 생활자는, 아마도 일본에서는 찾기 어렵겠다. 이 점에서도 그는 19세기 러시아 문학가와 가깝다. 그러나 일단 쩡짜로 씻긴 그도 이전의 그와 다르지 않다."**97** 루쉰은 선각자가 되기를 스스로 포기하고 대신 대립하는 세대와 입장들 사이를 비집고 들어가 양측의 무게를 받아안으며 그 사이에서 가교를 놓고자 했다. 이를 위해 자기부정–자기해체–자기재건을 거듭하며 사상하고 살아갔다.

지식을 일구는 방식의 용례는 다케우치 스스로가 보여준다. 다케우치는 자신의 연구 대상인 '중국'으로 진입하면서 온몸과 온 힘으로 중국을 체험하고 감수하고 이해하려 노력했다. 동시에 부단하게 연구 대상 속에서 '자신을 선택하고' 자신이 중국화되는 것을 거부했다. 그로써 중국을 추상화하는 것도 거부할 수 있었다. 이런 끊임없는 드나듦 속에서 다케우치는 중국과 일본이라는 구획을 넘어 독자적 중국 연구를 개척했다.

쩡짜가 동양이 자신의 근대를 실현하는 길임을 밝히는 것을 잠시 미뤄두기로 하자. 그곳으로 나아가기 위해서도 지금 당장은 쩡짜와 저항의 관계를 주목할 필요가 있다. 쩡짜는 바로 깨어난 노예가 자기부정과 자기재건을 거쳐 주체성을 획득하는 길이며, 후술하겠지만 그리하여 동양이

97 다케우치 요시미, 「루쉰(초록)」, 『다케우치 요시미 선집 2』, 112쪽.

사상의 번역

자신의 근대로 나아가는 길일 수 있는 것이다.

『루쉰』의 주석에서 다케우치는 이렇게 적는다. "쩡짜chêne-cha라는 중국어는 참다, 용서하다, 발버둥 치다, 고집을 세우다 등의 의미를 지닌다. 루쉰의 정신을 이해하는 데 중요한 단서라고 생각하여 원어 그대로 종종 인용한다. 굳이 일본어로 옮기면 요즘 말로는 '저항'에 가깝다."[98] 확실히 『루쉰』에서 다케우치는 쩡짜라는 말을 누차 사용하고 있다. 이 중국어는 다케우치를 경유해 일본에 들어왔다. 그리고 쑨거는 쩡짜의 의미는 원어에 있다기보다 다케우치가 그것을 '루쉰적 저항'이라는 말로 재정의한 대목에 있다고 강조한다.

다케우치는 굳이 옮기자면 쩡짜가 일본어의 저항과 가깝다고 말했지만, 쩡짜는 통상의 저항과는 힘의 방향이 다르다. 흔히 저항은 주체가 자기 외부에 있는 대상과 대치하는 것이라고 여겨지지만 쩡짜는 타자를 향하는 만큼이나 자신을 향한다. 다케우치는 투입하다-끄집어내다라는 행위의 양상을 끌어와 쩡짜의 이미지를 그리곤 한다. 쩡짜는 타자 속에 자기를 투입하고 거기서 자신을 끄집어내는 자기선택의 과정이다. 이로써 주체는 "자기임을 거절하고 동시에 자기 아님도 거부한다."[99]

그것이 깨어난 노예의 숙명이다. 주체는 쩡짜로 타자와의 대립 속에서 자신을 씻어낸다. 동시에 부단히 회심의 축을 향해 돌며 자기를 재형성한다. 이로써 주체가 얻는 것은 유동성이다. 다케우치가 말하는 행위란 바로 이런 의미다.

98 같은 글, 108쪽.
99 다케우치 요시미, 「근대란 무엇인가」, 『다케우치 요시미 선집 2』, 249쪽.

그러나 쩡짜는 사변적이지 않으며 더군다나 지적 유희와는 무관하다. 오히려 지체된 근대화를 겪은 동양에서 가능한 저항의 양식을 가리킨다. 자신은 뒤처진 존재다. 그래서 지금의 자신에게 그대로 머물러 있을 수 없다. 그러나 지체를 만회하기 위해 앞서 있는 자를 따라나선다고 해도 지체 상태를 타개할 수는 없다. 오히려 루쉰이 말한 '바깥에서 주어지는 구원'을 바라는 심리가, 앞서나간 자를 쫓아가겠다는 운동이 자신을 노예로 만들고 있다. 그 조건에서 가능한 유일한 저항의 양식을 다케우치는 쩡짜라고 불렀다.

민족과 주체성

쩡짜와 동양적 근대의 관계에 관한 논의를 심화하려면 「근대란 무엇인가」를 본격적으로 분석해야 한다. 그러나 지금은 쩡짜와 민족주의의 문제에 좀 더 천착하겠다.

전후에 일본공산당과 좌익 계열의 지식인은 전시의 악몽을 머금고 있다는 이유에서 민족주의를 심문했다. 다케우치에 따르면 그들은 근대주의의 입장을 취했는데, 근대주의란 서양에서 기원한 사상 내지 모델을 일본의 현실에 적용하려는 경향성을 가리킨다. 다케우치는 「근대주의와 민족의 문제」라는 글에서 근대주의의 공과를 밝힌 바 있다. 먼저 근대주의는 강권통치에서 벗어났다는 해방의 희열을 표현하고 전후의 문화적 공백을 메울 수 있었다는 점에서 긍정적 가치를 지닌다. 하지만 근대주의로 민족주의를 내칠 뿐이라면 문화적 공백을 메울 수야 있겠지만 문화를 창조할 수는 없다. 더구나 민족주의를 비판한다고 민족주의가 사라지지는 않는다. 민족주의를 재구축하는 길을 모색하지 않는다면 기댈 곳을 얻지 못한 민족 감정은 우익의 언설로 기울거나 돌연 파괴적 형태로 표출될지 모른다.

실제로 1960년대에 하야시 후사오林房雄 같은 논자는 『대동아전쟁 긍정론』을 집필해 민족의 잃어버린 자신감을 고취시키고 일본인의 자기긍정을 꾀했다. 그는 이 책에서 대동아전쟁의 기원을 막부 말기인 1863년 '사쓰에이 전쟁'으로까지 길게 늘려 잡아 '백년전쟁설'을 내놓았다. 그리고 사이고 다카모리西鄉隆盛를 비롯한 민족의 영웅을 끌어와 일본인의 심경에 호소하며 대동아전쟁에 대한 재평가를 주창했다. 여기서 그는 몹시도 배외적 역사 기술을 취했다. 즉 자기부정의 요소를 결여하고 있었다. 논리도 조잡했다. 그러나 그의 역사 기술은 전후에 동요하는 일본인의 심경이 머물 곳을 마련했기에 큰 호응을 얻었다. 이런 역사 기술 방식은 오늘날에도 소위 '자유주의 사관'으로 재생산되고 있다.

이 노선과 뚜렷하게 대립하는 것이 공산당 계열의 민족주의 비판이다. 그러나 앞서 지적했듯이 그들은 정치적으로 올바른 결론을 빌리지만 복잡한 현실 상황에 대응하지 못하는 취약점을 노출했다. 오히려 마르크스주의 내지 좌익 지식인에 맞선다는 명분으로 자기연민적 민족주의가 입지를 마련할 빌미를 내주곤 했다.

더욱이 까다로운 대목으로서 하야시 후사오는 젊은 시절에 마르크스주의를 열렬히 신봉한 진보 인사였다. 쑨거가 말하듯이 『대동아전쟁 긍정론』을 단순히 전향자의 민족주의 찬가라며 일축해서는 안 될 일이다.**100** 하야시 후사오는 『대동아전쟁 긍정론』을 집필할 당시 은거하고 있었으며 자신은 '좌'도 '우'도 아니라고 선언했다. 그는 좌/우라는 이데올로기 판단, 선/악이라는 도덕적 판단에서 벗어나 일본인의 심경을 어루만지겠다고 나섰다. 그러면서 좌익, 특히 마르크스주의자가 기대고 있는 이론의 외래성을 간파하고 그들의 취약점을 공략했던 것이다.

그리하여 민족주의 문제는 두 가지 대립축을 갖는다. 첫째, 좌와 우의 대립이다. 둘째, 이론과 심경 사이의 대립이다. 좌익은 주로 첫째 대립축 위에서 민족주의 문제에 접근해 우위를 점하고자 민족주의에 관한 이론적 비판을 도입한다. 그러면 우익은 둘째 대립축을 타고 내려가서 심경에 호소한다. 바로 심경의 영역은 보수와 진보, 좌익과 우익이라는 대립 범주로는 잡히지 않는, 이론적 방법으로 포착해내기 어려운 사각지대인 것이다. 그런 까닭에 민족주의 논쟁에서 이론적 비판은 정치적 올바름에 근거한 보편성을 지향하지만 진보적 지식인의 이론적 비판은 그 비일상적 속성으로 말미암아 비판력과 유효성을 상실하고, 동질성에 호소하는 심경의 영역은 우익에게 넘겨줘 서로를 견제할 수 없는 불모한 대립이 생겨나고 만다.

이런 상황에서 다케우치 요시미는 민족주의를 섣불리 긍정도 부정도 하지 않았다. 민족주의를 현실의 한 가지 요소로 인정하되 그것을 이상화하지도 쉽사리 비판하지   **100** 291쪽 참고.

도 않았다. 다케우치는 체제파도 반체제파도 아니었다. 민족주의자도 국제주의자도 아니었다. 비록 진보 진영의 지식인과 비판적 협력 관계를 모색했지만 반체제 측에 서지 않았다. 그는 '입장'을 전제 삼아 발언하지 않았다. 늘 상황 속에서 발언했으며 그래서 그의 주장을 정리해내기란 어렵다. "긍정인가 부정인가"라는 구도를 돌파하지 않는 한 다케우치의 진의를 이해하기는 힘들다. 대신 일관된 것은 발언의 내용보다 태도였다. 바로 그는 정치적 입장 사이의 번역을 기도했다.

앞서 밝혔듯이 다케우치는 정치의 장에서 위태로운 곳에 몸을 뒀다. '기능적 차이'를 만들어내는 역할을 자임한 것이다. 좌파가 선택하는 이론적 비판 방식과 우파가 지향하는 내적 동질성에 기반한 심정적 호소는 서로 배타적이기 때문에 상호 충격이나 접촉 가능성이 희박하다. 이러한 상황에서 다케우치가 만들어내는 차이는 그 둘을 만나게 함으로써 양쪽 모두에 결여되어 있는 자기부정의 계기를 주입하는 것이었다. 이를 위해 다케우치는 민족주의에 관한 일반적 여론에 얽매이지 않고 혼탁한 상황 속으로 몸을 던지고 거기서 다시 자신의 사상적 입지를 변별해내는 그러한 투입과 추출의 반복 속에서 민족주의에 대한 비판과 재건에 나섰다.

쑨거는 다케우치의 쩡짜적 속성을 이렇게 표현한다. "다케우치는 공식 이데올로기와 겨루고 거기서 자신을 끄집어낸다는 숙명을 거부하지 않았다. 공식 이데올로기 바깥에 자신의 몸을 두는 지식인이라면 '반체제'라는 알기 쉬운 입장을 취해 이 숙명에서 벗어났겠지만 다케우치는 그렇듯 알기 쉬운 존재가 아니었다."**101**

민족의 용법

이렇듯 다케우치 요시미가 민족주의를 섣불리 내치지 않았던 것은 민족주의의 양가성을 착목했기 때문이다. 먼저 쑨거의 발언을 취해 보자. "민족감정을 곱씹지 않은 채 삼켜버린 일본인이라면 외부 세계에 쉽사리 적의의 시선을 보내리라. 그러나 민족감정을 외면하는 일본인이 전쟁 책임을 짊어지고 전쟁 책임을 추궁하는 일도 상상하기 어렵다. 민족감정이란 것은 비소砒素처럼 양이 지나치게 많으면 죽음에 이르지만 적당량이면 병을 고친다. 물론 민족감정만 가지고서 세계사와 마주할 수는 없다. 그러나 그 밖의 요소도 민족감정과 결합되어야 비로소 진정한 세계사 의식을 싹틔울 수 있다."**102**

다케우치 요시미 역시 내셔널리즘의 양면성을 인정했다. "확실히 내셔널리즘에는 혁명과 결합하는 것과 반혁명과 결부되는 두 종류가 있고, 전자만이 올바른 내셔널리즘이라 해야 하겠다."**103** 그러고는 스스로 묻고 답한다. "그러나 만약 어떡해서든지 내셔널리즘을 원한다면 어찌해야 할까. 울트라 내셔널리즘에 빠지는 위험을 피해 내셔널리즘만 손에 넣는 일이 가능하지 않다면, 유일한 길은 반대로 울트라 내셔널리즘 속에서 진정한 내셔널리즘을 *끄집어* 내는 것이다. 반혁명 속에서 혁명을 *끄집어*내는 것이

101 131쪽.
102 쑨거, 「사상으로서의 '아즈마 시로' 현상」, 『사상이 살아가는 법』, 윤여일 옮김, 돌베개, 2013, 245~246쪽.
103 다케우치 요시미, 「내셔널리즘과 사회혁명」, 『다케우치 요시미 선집 1』, 208쪽.

사상의 번역

다."**104**

민족감정을 엄연히 존재하는 현실의 한 가지 구성 요소로 보고 민족주의를 사회 변동의 한 가지 계기로 여긴다면, 제국주의로 기울어간 과거의 민족주의를 일률로 단죄하는 일보다 중요한 것은 거기서 현재 되살릴 수 있는 생산적 자원을 발굴해내는 일이다. 바로 다케우치는 실체적 색체로 물든 민족주의라는 관념을 분해하고 전화시켜 거기서 역전된 요소를 발굴하고자 했던 것이다.

그 대목에서 쑨거가 주목하는 좌담회가 있다. 1963년 《사상의 과학》은 '대동아공영권' 특집으로 좌담회를 개최했는데 이 좌담회에는 쓰루미 슌스케鶴見俊輔, 하시카와 분조橋川文三, 야마다 무네무쓰山田宗睦와 함께 다케우치 요시미가 참석했다. 쑨거가 이 좌담회를 주목하는 까닭은 다케우치가 '네이션-스테이트'에서 네이션과 스테이트를 분리해 네이션을 구해낸다는 전략을 세웠기 때문이다.

다케우치는 이런 취지의 발언을 했다. 만약 전쟁이 본토 결전까지 이르렀다면 새로운 가능성을 얻을 수 있었을 테고, 전쟁이 더 지속되었다면 많은 일본인이 국가를 버렸을지 모른다. 그러나 그런 일은 결국 일어나지 않았다. 패전은 일본 민족이 자기를 부정하고 재건하는 기회일 수 있었으나 그 기회를 살리지 못했다. 하지만 다케우치는 토로한다. "저는 끝내 네이션이라는 것을 놓을 수가 없습니다. 버릴 수 있다면 그러고 싶지만 버릴 수 있는 게 아닙니다. 일본인 모두가 네이션을 해체하고 대동아공영권으로 나섰다면 그걸로 좋았겠죠. 적재적소에 배치하면 될 일이죠.

104 같은 글, 214쪽.

그게 가능하다면 문제는 없습니다. 가능하지 않으니까 곤혹스럽습니다."[105]

그리고 스테이트에 관해 발언을 이어간다. "일본의 스테이트는 거의 자연 존재처럼 되어 있습니다. 메이지의 사람들이라면 나라를 만든다는 감각이 있었을지 모르지만 그 이후에는 만들어본 경험이 없습니다. 간신히 만주국을 만들긴 했죠. 거기에 일본인이 참가했다기보다 그것이야말로 맹주를 만들었던 셈이죠. 그러나 부순다는 행위 없이는 만들 수도 없습니다. 만주국은 점차 일본을 닮아갔습니다. 아무래도 일본인의 국가관이라는 녀석은 무척 완고한 모양입니다."[106]

국민국가(네이션-스테이트) 비판은 민족감정이라는 소중한 자원을 간과해 목욕물과 함께 아이를 버리고 말아 건설적 효과를 내지 못하곤 한다. 그리하여 다케우치는 네이션과 스테이트의 차이를 주목해 천황제 국체, 즉 스테이트가 민중을 구속할 때 네이션을 활용하여 민족의 감정적 자원을 끄집어내 스테이트에 저항할 수 있는 민족의 건강함을 기르려고 했다. 다케우치의 말처럼 민족주의는 반동과 결부될 수도 있지만 혁명의 계기가 될 수도 있다. 더구나 민족주의를 계기로 품는 운동은 사회 구성원을 폭넓게 추동하고 사회 구성원에게 비교적 두루 영향을 미칠 수 있다. 따라서 민족주의를 사회 변동의 한 가지 '기능적' 요소로 대하지 않고 '실체적' 전제로 여겨 절대화하거나 혹은 거꾸로 억압한다면, 사상의 계기만이 아니라 사회 변혁의 중요한

105 竹内好, 「大東亞共榮圈の理念と現實」, 『思想の科學』1963년 12월호, 18쪽.
106 같은 글, 19쪽.

사상의 번역

계기를 잃을 수 있는 것이다.

국민문학 논쟁

민족주의로 진입해 건전한 민족주의의 생장을 촉진하고자 한 다케우치 요시미의 면모는 국민문학 논쟁에서 잘 드러난다. 국민문학 논쟁은 전쟁이 끝나면서 한동안 맛보았던 천황제 지배권력으로부터 벗어났다는 해방감이 가라앉고, 대신 미군정의 지배 아래 놓여 있다는 예속감이 짙어지면서 발생했다. 특히 1951년에는 일본공산당의 주류가 강령의 초안에서 '인민'을 '국민'으로 바꿔 '국민의 독립'을 전면에 내걸었으며, 이로써 공산당 계열의 여러 작가가 문학에서 국민의 독립을 형상화하겠다며 뛰어들어 국민문학 논쟁은 사회적으로 반향을 넓혀갔다. 다케우치 또한 이 논쟁에 참여했다.

다케우치는 국민문학 논쟁에 참가하면서 적어도 두 가지를 염두에 둔 것으로 보인다. 첫째, 소위 '근대주의'를 되짚는 일이다. 유럽적 근대의 가치관을 따르는 근대주의는 전쟁의 쓰라림을 간직한 민족주의를 밀어내면서 전후 사상계에서 세를 넓혔다. 특히 국민문학 논쟁의 맥락에서 다케우치가 근대주의를 문제 삼은 까닭은 근대주의가 일본낭만파와의 대결을 회피했기 때문이었다. 일본낭만파는 애초 전시기에 근대주의에 대한 안티테제로 등장했다. 즉 문명개화론을 거부하고 서구적 근대에 오염된 일본 문화를 치유하기 위해 일본의 진정한 정신으로 되돌아가자고 설파했다. 일본낭만파는 '근대의 초극' 좌담회에서 한 축을 맡기도 했으며 전시기 지식 청년의 마음을 사로잡았다. 일본 낭만파를 정돈된 입장으로 간주하기는 어렵지만 다케우치에 따르면 그들의 기본적 요구는 "민족을 하나의 요소로서 인정하라"는 것이었다. 그러나 전후에 들어 부흥한 근대주의는 일본 낭만파의 요구를 외면하고 안티테제를 안티테제로 인정하지 않았다. 즉 민족주의를 무시하고 억압했다. 그리하여 민족주의는 과도하게 경직화되었다. "민족은 부당하게 폄하되고 억압당했다. 억압당한 것은 반발의 기회를 노린다. 당연한 이치다."[107]

둘째, 다케우치는 민족주의 논의를 기능화하려고 했다. 즉 엄연히 현실에 존재하는데도 무시당한 '민족'이라는 요소를 직시하라고 요구하며 논쟁에 참여했지만, 그는 전제나 결론이 아니라 현실 상황에 보다 복잡한 입체감을 부여하기 위한 한 가지 시각으로서 민족을 자리매김했다. 이러한 양면작전을 펼쳤기에 그는 근대주의 작가만이 아니라 '국민의 독립'을 강령으로 내세웠지만 대중의 실감에서 유리된 공산당 계열의 작가와도 대결해야 했다.

다케우치는 프롤레타리아 문학을 이렇게 진단했다. 프롤레타리아 문학은 계급이라는 새로운 요소를 수입하는 데는 성공했지만, 억압당한 민족을 구출해내지 못했다. 오히려 민족을 억압하려고 계급을 이용하고 계급을 만능화했다. "추상적 자유인에서 출발하고 여기에 계급투쟁설을 적용하면 당연히 그리된다."[108] 그리하여 민족을 내쳤기에 거기에 반발하여 전향자들 사이에서 극단적인 민

107 다케우치 요시미, 「근대주의와 민족의 문제」, 『다케우치 요시미 선집 1』, 231쪽.
108 같은 글, 231쪽.

사상의 번역

족주의자가 나왔던 것이다. 하야시 후사오도 그 가운데 한 명이었다. 그리하여 다케우치는 선언한다.

> 국민문학은 계급문학과 식민지문학(뒤집으면 세계문학)으로 대신할 수 없는, 둘도 없이 소중한 것이다. 국민문학을 실현하지 않고서 무엇을 이루려 하는가. 그러나 국민문학은 계급과 아울러 민족을 포함한 전인간성의 완전한 실현 없이는 구현되지 않는다. 민족의 전통에 뿌리내리지 않는 혁명은 있을 수 없다. 전체를 구원하는 일이 관건이므로 손대기 어렵다고 그 부분만 잘라내버려서는 안 된다. 지난 실패의 경험은 소중하다. 손이 데일까 두려워 현실을 회피해서는 안 된다. (……) 설사 길이 열리지 않더라도 그때는 민족과 함께 멸망할 뿐이니, 노예(혹은 노예의 주인)로 연명하기보다야 낫지 않겠는가. **109**

이러한 다케우치의 문제 제기 이후 이어진 국민문학 논쟁의 추이에 관해서는 『다케우치 요시미라는 물음』의 2부 2장 「민족 독립의 문화: 정치」에 상술되어 있다. 대신 여기서는 『다케우치 요시미라는 물음』에는 언급되지 않은 논쟁 이후를 살펴보자.

「예견과 착오」라는 글이 있다. 질문자에게 답한 다케우치의 발언을 기록해둔 글이다. 그는 이런 질문을 받았다. "동경대출판회에서 출판된 『국민문학론』 서문에 따르면, 국민문학이 실현되지 않으면 일본은 망한다고 강하게 표현하셨습니다. 현

109 같은 글, 235~326쪽.

재도 국민문학론이라는 전망을 갖고 계신지요?" 다케우치는 답했다.

> 전혀 갖고 있지 않습니다. 이미 과거의 유물이 되었죠. 국민문학이
> 성립하지 않으면 일본은 망한다는 표현은 다소 과장된 말투로 느
> 껴질지 모르지만, 저는 과장이 아니라고 생각합니다. 지금 일본 민
> 족은 망했다고 봅니다. 앞으로 되살아날 가능성은 있다고 해도 현
> 상황은 망국의 상태입니다.**110**

'망국'이라는 표현에 내비쳐진 다케우치의 심정은 실로 헤아리기 어
려운 바가 있다. 다만 여기서 꺼낸 '망국'이라는 비참한 표현은 형식
적 독립이 아니라 실질적 독립을 이뤄내야 한다던 「나라의 독립과
이상」에 대한 자기 응답으로 들린다. 국민문학 논쟁은 실패했다. 그
리고 일본은 망국의 상태다.

　다케우치는 국민문학 논쟁에 참가하던 시기에 「망국의 노래」라
는 제목으로 글을 집필하기도 했다. 그 글의 마지막 문장은 이렇다.
"나라가 망할 때 문학가는 다만 망국의 노래를 불러도 좋다. 마음속
가득 찬 열정으로 망국을 노래하면 그만이다. 그러나
벌써부터 부른다면 너무 이르지 않겠는가."**111** 그러
나 5년이 지난 뒤 인터뷰에서 그는 '망국의 상태'임을
시인해야 했다.

　그로부터 또 5년이 지난 뒤 발표된 글을 하나 더
가져오기로 하자. 안보투쟁 시기의 발언을 총괄한 저

110 다케우치 요시미,
「예견과 착오」, 『다케우치
요시미 선집 1』, 409~410쪽.
111 다케우치 요시미,
「망국의 노래」, 『다케우치
요시미 선집 1』, 224쪽.

사상의 번역

작인 『불복종의 유산』에 실린 「후기」의 말미에는 '종말관에 대하여'
라는 대목이 있다. 거기서 나오는 구절이다.

> 시작이 있으면 끝도 있다. 우주에도 끝이 있다. 하물며 한 문명, 한
> 국가, 한 집단에는 반드시 끝이 있다. 천양무궁天壤無窮에는 찬성
> 할 수 없다. 끝이 없으면 시작도 없기 때문이다. 죽음을 생각하지
> 않고 사람이 살아갈 수 있을까. 나는 의심스럽다. 취직을 하면 응
> 당 퇴직을 생각해야 한다. 그렇지 않으면 자유의지의 주체임을 저
> 버리는 일로 노역과 다를 바 없다. (……) 나는 일본 국가에도 해산
> 규정을 두자고 요구하고 싶다. 그렇게 하지 않으면 애국심은 일어
> 나지 않는다.**112**

다케우치는 어떤 종말관을 갖고 있었는지 모른다. 「후기」에서 다케
우치는 중국문학연구회를 스스로 폐간하고 안보투쟁 시기에 교수
직을 그만둔 것은 자신이 살아가는 법이 드러난 사건이라고 밝힌다.
거기에는 어떤 종말관이 깔려 있는지 모른다. 그리고 그 종말관은
『루쉰』으로 유서를 썼던 시절부터 지니고 있었는지 모른다(『루쉰』의
1장은 '삶과 죽음'이 아니라 '죽음과 삶'이다).

　　　　　　이것들 모두는 추측이다. 다만 인용한 구절에서
확인할 수 있는 것은 나라에도 종말이 있으며 그 끝
을 스스로 정하자고 그가 쓸쓸한 어조로 말했다는 사
실이다. 나라에 죽음이 없다면 애국심도 생겨나지 않

112 竹内好, 「あとがき
終末論について」, 『不服從
の遺産』, 筑摩書房, 1961.
『竹内好全集』 7호, 筑摩書
房, 1978, 293~294쪽.

는다. 국가는 하늘과 땅처럼 끝이 없는天壤無窮 게 아니다. 그러나 자연주의적 국체관을 무너뜨리고 민족을 국체로부터 끄집어내 혁명과 접목시키겠다던 그의 계획은 첫 단계에서 좌절하고 말았다. 어쩌면 그 첫 단계야말로 가장 버거운 것인지 모른다. 그리하여 그는 저렇게 신음했다.

5장   역사로 진입하다

이중적 역사 인식

다케우치 요시미는 국민문학 논쟁에서 좌절했다. 안보투쟁에서도 쓰라림을 맛봤다. 이후 그는 '평론가 폐업'을 선언했다. 그리고 역사 연구에 남은 힘을 쏟았다. 격동하는 현실로 진입해 성과를 일구려던 거듭된 시도는 거듭된 실패로 이어졌다. 앞서 적었듯이 그의 사상 역정은 좌절의 기록이며, 어쩌면 그가 살아가는 방식이 좌절을 불렀는지도 모른다.

다케우치는 동시대에서의 쓰라림을 간직한 채 "불 속에서 밤을 줍고자" 과거로 발을 들여놓았다. 물론 다케우치는 줄곧 과거로 드나들면서 사상적 유산을 발굴하는 일에 힘을 쏟아왔다. 다만 안보투쟁 이후 그런 면모는 더욱 두드러졌다.

그러나 다케우치가 내놓은 역사 연구의 결과물을 확인하기 전에 그의 역사인식론을 먼저 살펴보자. 그의 연구물은 시간이 지남에 따라 빛이 바랠지 모르지만, 그의 인식론은 여전히 생명력을 잃지 않고 있기 때문이다. 우리가 진정 계승해야 할 것은 역사 연구의 결과물이 아니라 그런 결과물을 가능케 했던 인식의 시좌이기 때문이다.

다케우치는 역사를 실체로 대하지 않았다. 즉 역사를 부동의 대상으로 인식하고, 연구자가 역사의 외부에서 지식을 사용해 역사를 객관화할 수 있다는 발상을 거부했다. 쑨거는 이런 다케우치의 역사 인식을 여러 방식으로 표현한다. "만약 역사가 움직이지 않는다면 '재현'도 '복원'도 가능하겠지만, 역사가 유동한다면 그 안의 주체와 객체 모두가 움직이고 있음을 인정해야 역사 속으로 진입할 수 있다. 주체와 객체 사이에서 존재하는 매개만이 역사와 함께 움직이는 학문을 이루어낼 수 있다."[113] "'논리' 그것은 현상에 내재하는 긴장 관계, 경우에 따라서는 서로를 살해하는 관계이며, 현상으로 드러난 모든 것들을 이해하도록 만드는 논리이며, 역사가 역사일 수 있는 까닭이다. 다만 눈으로 볼 수 있는, 달리 말해 자료로 드러나는 역사적 현상과 달리 그 '논리'라는 것은 눈에 잡히지 않는다."[114] "역사는 눈에 잡히는 '개별'적 사건의 연속이 아니라 일상 감각에서 비어져 나오는 다양한 힘 관계의 '관계성'이다."[115]

이상의 문장들은 「한국어판 서문」의 세 페이지에서 기술된 내용을 취한 것일 뿐이다. 그리고 『다케우치 요시미라는 물음』에는 다케우치 요시미의 역사 인

113 8쪽.
114 9쪽.
115 10쪽.

사상의 번역

식에 관한 언급이 여기저기서 산견된다. 그만큼 쑨거에게는 중요한 주제였다. 인용한 문장들에서 쑨거는 다케우치 요시미의 역사 인식을 포착하고자 매개, 논리, 힘 관계라는 표현을 사용했다. 즉 역사란 개별 사건의 퇴적물이 아니다. 눈으로 보이는 개별 사건들을 이어 맺는 비가시적 매개이며 논리다. 역사적 현상을 정제한 기록인 사료라고 하더라도 그 자체가 역사는 아니다. 사료는 독자적으로 존재하는 게 아니라 힘 관계에 좌우되는데 힘 관계는 늘 유동하기 때문이다.

따라서 역사의 시간도 균질한 시계적 시간을 따르지 않는다. 역사란 그저 과거지사가 아니다. 과거의 일은 시간의 누적분에 따라 현재로부터 멀어지는 게 아니며, 어떤 과거는 비선형적으로 현재를 관통해 미래를 향해 나아간다. 바로 주체와 객체 사이의 긴장과 그것들이 뒤얽혀 짜내는 힘 관계가 역사의 시간을 결정한다.

다케우치 요시미는 이렇게 말했다. "역사는 공허한 시간의 형식이 아니다. 자신을 자신이게 하며 이를 위해 곤란과 맞서는 무한의 순간이 없다면 자기를 잃고 역사도 잃고 말리라."**116** 쑨거 역시 이렇게 말한다. "역사는 지금 여기 있는 주체의 힘을 통해서야 비로소 존재하며, 또한 지금 이곳의 주체가 고도로 긴장된 위기의식을 지녀야만 비로소 순간 속에서 전개되어 주체가 역사 속으로 진입할 수 있다."**117** 역사는 그저 주어진 날것의 환경이 아니라 주체가 특정한 방향으로 재구축하고자 기울이는 그 힘에 의해 비로소 가능하게 된다.

그러나 역사란 주체의 의지와 무관하지야 않지만

116 다케우치 요시미, 「근대란 무엇인가」, 『다케우치 요시미 선집 2』, 220쪽.
117 124쪽.

주체의 의지를 넘어서 있다. 역사에 참가하려는 주체의 의지로 역사가 발생하지만, 어느 누구도 자신의 의지를 절대화할 수 없다. 무수한 주관이 개입하기에 오히려 역사는 누구도 원하는 방향으로 움직일 수 없다. 쑨거는 다케우치 요시미를 이렇게 읽었다. "인간은 전력을 다해 싸우고 스스로 새로운 세계를 창조하려고 애쓰지만 세상일은 뜻대로 되지 않으며, 차라리 주체의 의도와 객관적 결과가 어긋나는 쪽이 현실적이라는 인식. 이러한 진리는 젊은 다케우치가 역사 자체의 힘을 깨닫는 선열한 계기가 되었다."**118**

즉 "역사는 지금 여기 있는 주체의 힘을 통해서야 비로소 존재할 수 있다"는 진술은 "주체는 역사를 좌우할 수 없다"는 또 다른 진술과 포개 읽혀야만 다케우치의 역사 인식을 제대로 전달할 수 있는 것이다.

역사적 중간물

다케우치 요시미는 말을 신용하지 않는 인간이었다. 말에 무력감을 느꼈고 그랬기에 말에 대한 회의 능력을 지닐 수 있었다. 말을 대하는 이러한 감각은 역사 감각으로 이어졌다. 말을 쉽사리 신용하지 않고 말에 배반당할 일을 경계하되 말에 끊임없이 생명력을 주입하려는 이중의 자세는, 자기 의지로 역사를 바꿀 수 없지만 그렇기에 역사로 진입해야 한다는 이중의 의식으로 이어졌다.

다케우치는 "시대가 변했다"는 말도 좀처럼 믿지   **118** 32쪽.

사상의 번역

않는 인간이었다. 그렇게 말하는 자들을 곁눈질하며, 자신이 중시하는 '시대 과제'가 그런 '시대 분위기'에 씻겨 내려가지 않도록 붙들고자 했다. 그는 시류를 따르지도 거스르지도 않았다. 차라리 시류로부터 반보 떨어져 있었다. 시류의 압도적 힘에 휩쓸리면서도 자신만의 부력을 유지했다. 그렇다고 시대에서 비켜서 있었다는 말은 아니다. 사상이 창조적이려면 시대에 뛰어드는 일을 피해서는 안 된다. 다케우치야말로 일본 근현대사의 혼미한 장면들에 현실적으로 그리고 사상적으로 뛰어들었다. 부단히 '역사로 진입한다'는 버거운 과제를 스스로에게 요구했다. 그리하여 동요하고 좌절하고 시대에 반보 뒤처졌다. 그러나 그렇게 반시대적일 수 있었다. 진정 시대적이었기에 반시대적일 수 있었다.

다케우치 요시미는 낡은 인간이었다. 오늘날 되돌아보건대 낡았을 뿐 아니라 그가 활동했던 당대에도 낡은 사상가였다. 그러나 그때의 낡음은 자각적 선택이었다. 그런 시대 지체 유형의 인간을 다케우치는 '역사적 중간물'이라고 불렀다. 바로 루쉰을 두고 한 소리였다. 루쉰은 결코 선구자나 전위가 아니었다. 루쉰이라고 시종 바른 길을 제시하지는 않았다. 루쉰은 문학가다. 루쉰은 중국 사회 그리고 중국 문단과 함께 동요했다. 그러면서도 시대에 반보 뒤처져 있었다. 왜 뒤처졌던가. 자신이 지닌 모순의 무게 탓이었다. "사상가 루쉰은 항시 시대에 반보 뒤처져 있었다. 그렇다면 그것은 무엇으로 설명해야 하는가. 그를 격렬한 전투 생활로 몰고 간 것은 그의 내심에 깃든 본질적 모순이 아니었을까, 나는 생각한다."**119**

루쉰은 반시대적이다. 그러나 시대보다 앞서서 반시대적인 게 아니라 시대 지체여서 반시대적이다. 그게 '깨어난 노예'의 숙명이다. 깨어났으니 떠나야 하나 길은 마련되어 있지 않다. 길을 떠나려면 제 손으로 어둠의 구석구석을 더듬으며 길을 내야 한다. 깨어난 노예는 똑바로 걷지 못한다. 그의 걸음걸이는 비틀거린다. 그래서 선각자가 될 수 없다. 선각자가 되기를 포기한 자의 역할이란 옛것과 새것 사이에서 역사적 중간물이 되어 그 모순의 무게를 받아 안고 답이 아닌 물음과 고뇌를 역사에 새기는 일이다. 그게 바로 루쉰이었다. "새로운 가치가 밖에서 더해지는 것이 아니라 낡은 가치를 갱신함으로써 생겨나는 과정에서는 어떤 희생이 요구된다. 그 희생을 한 몸에 짊어졌던 이가 루쉰이었다."**120**

　　그것이 희생인 까닭은 역사적 중간물이 되려면 쩡짜를 통한 내재적 자기부정을 견뎌야 하기 때문이다. 그로써 낡은 인간이 새 시대를 개척한다. 바깥에서 처방전을 들여와 방향을 제시하는 것이 아니라 낡음 속에서 가능성을 발효시켜 버거운 일보를 내딛는다. 그런 존재가 바로 루쉰이었다.

　　　진보로 이르는 모든 길이 막히고 새로워질 수 있다는 희망이 깨졌을 때 그런 인격은 굳어지리라. 낡은 것이 새로워지지 않고 낡은 것이 낡은 그대로 새롭다는, 아슬아슬한 존재의 조건을 지닌 인간이 가능해지리라. 루쉰과 같은 인간은 진보의 한계가 없는 유럽 사

119 다케우치 요시미, 「루쉰(초록)」, 「다케우치 요시미 선집 2」, 113쪽.
120 다케우치 요시미, 「사상가 루쉰」, 「루쉰」, 184쪽.

회에서는 나오지 않을 것이다. 또한 진보의 환상 속에 있는 일본에서도 태어나지 않을 것이다.**121**

역사로 진입하다

그리고 다케우치는 루쉰이 걸었던 길을 따라 역사로 진입하고자 했다. 이제껏 살펴보았듯이 동시대사 속으로 뛰어들어 시대의 물음을 역사에 남기고자 했으며, 이제부터 살펴볼 것처럼 역사 연구자로서 낡은 과거로부터 새로운 가능성을 길어 올리고자 했다. 여기서 '역사로 진입한다'는 명제에 관한 쑨거의 표현을 옮겨오자.

> '역사'란 결코 실체적 대상이 아니라 중층적으로 뒤얽힌 일종의 과정이며, 역사에 들어가는 일이란 결코 역사의 사건에 직접 참가하는 것을 뜻하지 않는다. 다케우치가 생각하는 '역사에 진입한다' 함은 '역사를 고쳐 쓰는' 일이다. 즉 역사의 어떤 단계를 지나고 나서 역사에 관한 인식을 새로 짜는 일이며, 그로써 역사의 의미를 다시 발견하는 일이다.**122**

역사를 고쳐 쓴다는 것은 시간이 흐른 뒤 역사에 관한 인식을 새로 짜고 그로써 역사의 의미를 재발굴하는 일이다. 시간을 거슬러 올라가 과거의 사건에 관한 현대인의 당사자성을 불러들이는 실천이다. 그리하여

121 다케우치 요시미, 「근대란 무엇인가」, 『다케우치 요시미 선집 1』, 253쪽.
122 15쪽.

과거에 잃어버린 기회를 되찾아 현대인이 되살린다는 의미다. 살아 있는 역사라면 오늘의 현실에서 쓰임새가 있을 것이다.

그런데 이것은 이미 쑨거가 역사상 인물과의 만남에서 기도한 내용이기도 하다. 그녀는 다케우치가 문자로 남긴 자료에 다시금 시대의 호흡을 주입해 그를 사상적으로 되살리고자 했다. 또한 쑨거는 강조한다. 다케우치는 역사로 진입하려고 분투했으며, 거꾸로 현대인이 역사로 진입한다는 시도를 할 때 다케우치야말로 가장 적합한 도전 대상이 된다. 다케우치 요시미를 만나려면 역사에 대한 민감함이 요구된다. 액면 그대로 사료를 읽는 것을 넘어 역사의 움직임을 포착해내야 한다. 그래야만 다케우치와의 만남이 가능하며, 역사상 인물의 원리성과 아울러 그 존재의 현대적 용법이 드러난다.

쑨거는 이렇게 지적한다. 만약 역사상 인물의 행적을 평가할 때 상대가 처해 있던 당대의 상황을 외면한다면 "역사 인식은 개념에 물들고 이데올로기에 빠진다. 하지만 보다 중요한 문제는 현실에 대한 인식도 관념화된다는 점이다. 동시대사도 역사의 일부며, 다케우치를 읽는 것은 동시대사를 읽는 일과 닿아 있다. 다케우치에게서 공적이나 착오만을 찾아낼 뿐이라면 현실 사회를 분석할 때도 이미 마련된 '결론'으로 흐르기 십상이다."[123]

다케우치 요시미는 곤란하고 때로 오염된 시대의 문제를 회피하지 않고 격동하는 시대 상황의 한복판으로 들어갔다. 그는 반보 뒤처진 채로 시대와 공존했고 시대와 함께 동요했기에 오류를 범했다. 그러나 그

[123] 쑨거, 「다케우치 요시미를 읽는다는 것, 역사를 읽는다는 것」, 『사상이 살아가는 법』, 윤여일 옮김, 돌베개, 210쪽.

사상의 번역

렇기에 시대의 한계를 초월할 가능성도 품었다. 따라서 다시 인용하지만 쑨거는 "무수한 가능성으로 인해 선택하기 어려운 매 순간, 반대로 조금도 선택의 여지가 없는 극한 상황에서 어떤 어려운 결단을 내렸는지 살펴야 한다"고 강조한다.

바로 쑨거는 심판도 변호도 하지 않고 다케우치 요시미를 그러한 '가능성의 폭'에서 읽었다. 그녀는 다케우치가 써낸 문장에서 밑바닥에 깔린 동요를 읽었으며, 착오 속의 결단에서 긴장감을 읽어냈다. 사상의 계승자로서 그녀는 그 동요와 긴장감을 다케우치가 살아간 역사로 진입하는 창구로 삼았으며, 거기서 오늘을 살아가기 위한 사상의 자원을 길어 올렸다.

그런 의미에서 '다케우치 요시미와의 만남'에 관한 기록인 『다케우치 요시미라는 물음』은 우리에게 "역사로 진입한다"는 테제에 관한 선명한 이미지를 전해준다. 쑨거는 역사상 인물과 만나려면 상대의 전체상을 그려내야 하고, 상대가 시대 상황 속에서 내린 구체적 선택을 지금의 판단 기준에서 평가해서는 안 되며, 즉 진정한 만남이라면 상대를 비판하거나 상대를 위해 변명하기 이전에 자신은 동시대의 상황을 얼마만큼 깊이 체득하고 있는지를 자문해야 하며, 또한 상대를 주체적이며 유동적인, 즉 "살아 있는" 존재로 대하며 그 만남의 과정에서 자신을 타자화해야 한다고 말했다. 그리하여 역사상 인물의 고심을 매개 삼아 오늘날 되살릴 수 있는 사상 과제를 발견하고 사상 자원을 발굴해내야 한다는 것이다. 이렇듯 과거 사상가와의 만남을 위해 쑨거가 제시한 지침들은 우리가 역사로 진입하고자 할 때 요구되는 태도를 시사해준다.

이중적 전통

다케우치 요시미는 가능성의 폭에서 과거의 사상을 쥐고자 했다. 가능성의 폭에서 과거의 사상을 쥔다는 것은 비록 당대에는 반동적이었을지 모를 사상으로부터 혁명의 계기를, 복종의 교설에서 반역의 계기를, 체관 속에서 능동적 계기를 발굴하는 사상사적 방법이다. 그리고 그것이 "불 속에서 밤을 줍겠다"던 그의 태도를 보여준다. 지난날의 사상사적 유산이 그토록 때 묻어 있는데도 그는 완고하다고 할 만큼 거기서 실현되지 못한 채 잠재해 있는 가능성을 현시점에서 되살리려고 노력했다. 정치적 올바름을 잣대로 더럽혀진 사상적 유산을 재단하면 현재 계승할 수 있는 문제의식마저 버리게 되니 가능성의 폭에서 그것을 다시 붙들었다. 그 노력으로 아시아주의의 계보를 정리하고, 근대의 초극 논의로 뛰어들고, 메이지 유신의 사회사조로부터 민주주의 사상의 원형을 발굴했다. 그리하여 다케우치는 일본 근현대사를 불확정성으로 가득 찬, 따라서 전화의 계기로 충만한 윤곽으로 그려낼 수 있었다.

다케우치는 이처럼 과거를 가능성의 폭에서 되살려 사상사적 '전통'을 형성하고자 했다. 그에게 전통이란 그저 과거의 대상이 아니었다. 현재의 문제의식 속에서 복잡한 전환을 거쳐야만 비로소 계승 가능한 무엇이 될 수 있다고 여겼다. 거꾸로 "(과거와의) 단절을 이루려면 그 자체로서는 단절할 수 없는 전통이 필요하다. 전통은 혁신이 자신을 실현하는 장이다."[124]

앞서 인용한 쏜거의 문장을 여기서 다시 꺼내보자. "역사는 지금 여기 있는 주체의 힘을 통해서야 비로소 존재하며, 또한 지금 이곳의 주체가 고도로 긴장된 위기의식을 지녀야만 비로소 순간 속에서 전개되어 주체가 역사 속으로 진입할 수 있다." 여기서 '역사' 대신 '전통'을 집어넣어도 이 문장은 성립한다. 전통은 과거로부터 주어진 소여가 아니다. 오늘날 인간의 노력으로 개척해갈 대상이다. "불 속에서 밤을 줍겠다"던 다케우치의 분투 역시 실현되지 못한 채 잠재해 있는 역사의 가능성을 전통으로서 되살리려는 시도였다.

아울러 다케우치는 전통에 관해 이중적 작업을 수행했다. 과거사의 가능성을 건져 올려 전통으로 새기는 동시에 현재를 전통화하고자 노력했다. 그가 국민문학론에 참가하며 취한 자세나 안보투쟁 시기에 '전쟁 체험의 일반화'를 시도한 것도 이런 이중적 작업의 산물이다. 즉 현실의 사건을 사상사적 사건으로 가다듬는 것이다. 거기에는 지금 자신의 활동은 결론이 될 수 없고 역사의 유구한 과정 안에 속해 있다는 자각 속에서 자신의 실천을 전통의 생산적 요소로 만들겠다는 의지가 깃들어 있다.

현실 사건에 대한 분석이 사상사적 전통 속에 자리 잡을 수 있는지 여부, 즉 그 사건이 끝난 뒤에도 그 사건에 대한 분석이 사상사 안에서 계승할 만한 요소를 가지고 있는지가 현실 사건에 대한 분석의 생명력을 결정한다. 각

124 다케우치 요시미,「국민문학의 문제점」,「다케우치 요시미 선집 1」, 250쪽.

각의 사건들은 역사의 호흡을 주입하지 않는다면 시간이 지남에 따라 점차 잊혀간다. 그래서 현실의 사건을 가능성의 폭에서 움켜쥐려면 그것을 사상사의 위상에서 사건화해야 한다. 단편적 사건에서 사상적 함량을 발견해 이후 다른 사건을 해석할 때 활용할 수 있도록 그 사건을 사상사적 유산으로 정착시켜내는 것이다.

그런 의미에서 전통의 형성은 이중적이다. 직접적으로 계승할 수 있는 과거의 전통은 존재하지 않으며, 오늘날의 문제의식에 기대야 비로소 전통은 활성화된다. 동시에 현실의 사건도 사상사적 전통과 관계를 맺어야 단편적 사건이길 그치고 사상사에 값하는 요소가 그 안에서 드러날 수 있다. 다케우치는 이처럼 과거와 오늘로부터 사상적 유산을 건져내 이후 세대에게 전하고자 노력했다.

역사로 진입하려는 갈망

다케우치 요시미는 역사로 진입하겠다는 강한 갈망을 갖고 있었다. 과거를 향해서도 그러했지만 동시대사를 향해서도 그렇게 갈망했다. 그리고 이 갈망이 체계를 결여한 평론가 다케우치에게 일관성을 부여했다.

전전의 시기로 다시 돌아가보자. 베이징 유학 시절 다케우치가 중국의 실상으로 파고들지 못해 방황했던 일은 앞서 기록했다. 1939년 그는 유학 중에 일본으로 잠시 돌아온 뒤 베이징으로 돌아가는 배 위에서 다케다 다이준에게 편지를 썼다. 다케다 다이준은 군인으로서 중국에 출정해 있는 상태였다. "우리처럼 군대에도 들어가지 못한 무리는 지금 시대의 사상적 맥박을 잴 수 없습니다. 게다가 그 노력 역시 헛된 것임을 알고 있기에, 각별히 군인인 당신의 편지는 허둥대며 혼돈 속에 있는 인간에게 아플 정도로 선명합니다."[125]

잠시 일본에 다녀온 뒤에도 그의 방황은 계속되었던 모양이다. 같은 해 마쓰에다 시게오松枝茂夫에게도 편지를 보냈는데 실연을 당해 마음이 공허해졌다고 넌지시 비춘 다음 이렇게 적었다. "어찌된 일인지 모르겠습니다. 베이징 이후 기묘하게도 정신적인 일에 자신이 없어졌습니다."[126] 베이징 유학의 시절부터 『루쉰』을 쓰고 전장으로 떠나기까지 6년여 동안 그는 '허무'니 '혼돈'이니 하는 말을 자주 입에 담았다. 그것은 자신의 표현으로는 "허탈 시대"에 빠져 활력으로 충만한 역사 바깥에서 서성인다는 초조함의 발로였다. 그리고 그런 감각의 이면에 역사로 진입하겠다는 갈망이 쌓이고 있었다.

그런데 베이징 유학을 마치고 돌아온 뒤 다케우치에게는 자신의 갈망을 분출할 기회가 주어졌다. 1941년 12월 8일, 대동아전쟁의 선전조칙이 내려진 것이다. 거기에 화답해 다케우치는 바로 「대동아전쟁과 우리의 결의」라는 글을 써내려갔다. 이 글은 1942년 《중국문학》 1월호의 권두에 무서명으로 발표되었다. 무서명인 까닭은 필자가 누구인지를 숨기기 위해서가 아니라 다케우치가 '우리'를 대표해 결의했기 때문일 것이다. 그러나 글은 다케우치의 개인적 격정으로 흘러넘친다. 그리고 그 격정은 무엇보다

125 「竹内好の手紙 (上)」, 1939년 7월 8일 다케다 다이준에게 보낸 편지, 『辺境』 제5호, 12쪽.

126 「竹内好の手紙 (上)」, 1939년 10월 27일 마쓰에다 시게오에게 보낸 편지, 『辺境』 제5호, 17쪽.

두 가지 이유에서 흘러나오고 있다. 첫째, 1931년 중일전쟁이 발발한 이후 줄곧 떳떳치 못함에 시달려왔는데 개전으로 거기서 벗어났다는 해방감을 느꼈다. 즉 그는 대동아전쟁의 개시로 적국이 중국이 아닌 미국(과 영국)으로 옮겨갔다고 판단했던 것이다. 둘째, 개전으로 자신이 역사, 그것도 세계사의 일부가 되었다는 희열을 느꼈다. 그리하여 유보 없이 대동아전쟁을 지지한다. "대동아전쟁은 훌륭히 지나사변을 완수하고 이것을 세계사에서 부활시켰다. 이제 대동아전쟁을 완수하는 일은 바로 우리의 몫이다."**127**

이렇게 작성된 「대동아전쟁과 우리의 결의」를 두고는 다케우치가 발을 헛디뎠다는 평가가 지배적이다. 분명 그건 그릇된 선택이었다. 판단의 착오는 시대의 탓일지 모르며, 역사 속에 있는 개체가 시대의 흐름을 거스르기는 너무나 버거웠을지 모른다. 다케우치만 전쟁을 지지하지는 않았던 것이다. 그러나 쑨거는 다케우치를 위한 변명을 하지 않는다. 한 사상가에게 그런 변명은 부질없다. 대신 쑨거는 다케우치에게 이 글의 의미가 무엇이었을지를 헤아리고자 한다. 그것은 한 개체가 첨예한 역사적 순간에 들어서기 위한, 훗날 다케우치의 표현을 빌리자면 "결국은 결단, 내기"였던 것이다.

그런 의미에서 「대동아전쟁과 우리의 결의」는 판단 착오의 기록이지만 역사성이 각인된 흔적으로 남을 수 있었다. 다케우치는 이런 식으로 대동아전쟁이라는 시대적 사건을 자신과 결부시키고 역사 속으로 진입하려 했다. 전후에 들어서도 다케우치는 지난날 자신의 과오

127 다케우치 요시미, 「대동아전쟁과 우리의 결의」, 「다케우치 요시미 선집 1」, 60쪽.

사상의 번역

를 감추려 하지 않았다. 자신의 오점을 씻어내기보다 『일본과 중국 사이』에 「대동아전쟁과 우리의 결의」를 재록함으로써 오점을 스스로 남겨두었다. 대신 자신이 과거에 범한 그릇된 선택을 참고해 역사 연구에 나섰다. 1941년 12월 8일의 격정이 1945년 8월 15일의 굴욕으로 변질되는 것을 겪었던 다케우치는 그리하여 「근대의 초극」을 작성할 수 있었다.

근대의 초극

「근대의 초극」은 전시기에 있었던 좌담회인 '근대의 초극'과 그것을 둘러싼 논의를 겨냥한 논문이다. 1942년 7월 잡지 《문학계》는 근대의 초극을 주제로 좌담회를 개최했다. 좌담회는 몹시 혼란스러웠다. 좌담회의 기록은 번역서로는 『태평양전쟁의 사상』[128]에 수록되었는데 좌담회의 흐름이 소제목으로 정리되어 있다. 소제목을 열거하면 '르네상스의 근대적 의의' '과학에서의 근대성' '과학과 신의 연계' '우리의 근대' '근대 일본의 음악' '역사-변하는 것과 변하지 않는 것' '문명과 전문화의 문제' '메이지 문명개화의 본질' '우리 속에 있는 서양' '아메리카니즘과 모더니즘' '현대 일본인의 가능성'이다.

그러나 소제목들은 좌담회에서 실제로 오간 내용을 제대로 전달하지 못한다. 다케우치에 따르면 좌담회에는 교토학파, 《문학계》 인사, 일본낭만파라는 세 그룹이 참가했는데 그들은 근대의 초극이라는 주제를

128 나카무라 미츠오, 니시타니 게이지 외, 『태평양전쟁의 사상』, 이경훈 외 옮김, 2007.

상이한 각도에서 접근해 들어갔다. 또한 좌담회에 참여한 인사들이 각 진영을 대변했다고 말하기도 어렵다. 사실 근대의 초극이라는 이름도 좌담회의 논의를 아우르지 못한다. 이런 어수선함과 교착이야말로 좌담회의 진정한 골격이었다.

쑨거는 『다케우치 요시미라는 물음』의 5부 '근대를 찾아서: 근대의 초극 좌담회의 사정'에서 좌담회를 자세히 분석했다. 그래서 나는 근대의 초극 좌담회에 머물기보다 빠른 걸음으로 다케우치의 「근대의 초극」으로 향하고자 한다. 「근대의 초극」은 바로 "불 속에 들어가 밤을 줍는 모험"**129** 이었다. 이 표현이 바로 「근대의 초극」에서 나온다. '근대의 초극' 좌담회는 전시기에 큰 반향을 일으켜 사상계의 한 가지 화두로 자리 잡았으나 전후에는 파시즘에 활용당한 이데올로기로 지탄을 받았다. 다케우치는 이처럼 부정된 대상 속으로 들어가 부정된 것으로부터 '분해 가능'한 요소를 건져 '가능성의 폭'에서 사상 자원으로 연마하고자 했다. 가능성의 폭이라는 표현도 「근대의 초극」에서 나온다. "'초극' 전설만으로 사상을 잘라내면 거기서 이미 제기되었고 지금 계승할 수 있는 문제마저 잘려나가게 되니 전통을 형성하는 데 유익하지 않다. 능력이 닿는 한 가능성의 폭에서 유산을 다시 붙드는 게 사상을 처리하는 올바른 방법이라고 생각한다."**130**

전후 미군정 아래 놓인 일본은 "점령이 해방이다"라는 관념을 받아들여야 했다. 그리고 일찍이 총력전에 휘말려들었던 국민은 전후가 되자 새로운 문명개화에 도취되어 서양의 근대를 모델로 하는 경제

129 다케우치 요시미, 「근대의 초극」, 『다케우치 요시미 선집 1』, 151쪽.
130 같은 글, 129쪽.

국가 건설에 매진했다. 1950년대 후반에 이르면 경제적 부흥에 힘입어 일본우월론이 재등장하고 '일본문화포럼'과 같은 관변 단체는 일본을 동아시아의 지도국가로 선언했다. 다케우치는 근대의 초극이 실패한 지점에서 전후의 일본주의자들이 같은 전철을 밟고 있다는 데 위기감을 느꼈다. 한편 서양 이론에 경도된 좌익 지식인은 근대의 초극 문제를 외면하고 있었다. 이런 상황에서 다케우치는 근대의 초극을 봉인에서 풀어내고자 군국주의에 오염된 이 좌담회에 굳이 손을 댔다.

또다시 오해와 비난을 살 것을 알면서도 근대의 초극에 손을 댔을 때 다케우치의 노림수는 전후에 만연한 이항대립적 사고를 불식하는 것이었다. 일본과 서구, 진보와 반동, 자본주의와 사회주의, 국제주의와 민족주의 등의 도식 위에서 세워진 전후의 근대 인식을 깨뜨리려고 했던 것이다. 여기서 「근대의 초극」에 나오는 유명한 일구로 우회해보자.

> '근대의 초극'은 일본 근대사 아포리아의 응결이다. 복고와 유산, 존왕과 양이, 쇄국과 개국, 국수와 문명개화, 동양과 서양이라는 전통의 기본축 위에 있던 대항 관계가 총력전 단계에서 영구전쟁의 이념적 해석을 강요하는 사상 과제를 목전에 두고 일거에 문제로 폭발한 것이 '근대의 초극' 논의였다.[131]

131 같은 글, 180쪽.

이 유명한 문장은 다케우치의 진의와 다소 동떨어져

인용되곤 한다. "아포리아의 응결"이 결국 근대의 초극이 다다른 곳이라며 근대의 초극에 관한 다케우치의 평가라는 식으로 인용되는 것이다. 그러나 거꾸로다. 다케우치는 "아포리아의 응결"에서 출발했다. 다시 말하지만 그는 그 응결을 풀어내고 거기서 사상적 자원을 발굴하고자 애썼다. 그래서 그는 종종 아포리아라는 말에 "모처럼의"라는 수식어를 단다. 아포리아는 대립하는 요소가 한데 엉켜야 생겨난다. 그런 만큼 역사의 무게를 지닌다. 과거의 사상 속에서 되살릴 만한 요소를 찾아 나설 때, 아포리아의 무게로 뒤틀린 자리는 바로 그 과거로 진입하는 틈새가 되어준다. "만약 사상에서 창조성을 회복하려면 이 동결을 풀고 다시 한번 아포리아를 과제로 설정하지 않으면 안 된다."**132**

그렇다면 동결을 어떻게 풀 것인가. 이를 위해서는 "복고와 유산……"으로 시작되는 저 여러 대립 관계가 당시에는 전후의 관점에서 바라보듯 그렇게 자명하지는 않았다는 사실을 받아들여야 한다. 그런 이항대립은 전전의 실상이 아니라 전후 이데올로기의 산물인 것이다. 그리하여 다케우치는 이데올로기로 치부된 것들 가운데서 사상의 요소를 섬세하게 가려냈다.

사상에서 이데올로기를 벗겨내거나 이데올로기에서 사상을 추출하는 일이란 참으로 곤란하며 거의 불가능에 가깝겠다. 허나 사상이 체제로부터 상대적으로 독립되었음을 인정하고
역경을 무릅쓰고라도 사실로서의 사상을 해부해내 **132** 같은 글, 182쪽.

지 않으면, 묻혀 있는 사상으로부터 에네르기를 끌어올릴 수 없다. 다시 말해 전통을 형성할 수 없다. 여기서 사실로서의 사상이란 어떤 사상이 무엇을 자신에게 과제로 부여하고, 구체적 상황 속에서 그것을 어떻게 풀어냈는지 혹은 풀어내지 못했는지를 직시하는 일을 가리킨다.[133]

결과적으로 보자면 '근대의 초극'은 이데올로기가 되었지만, 그렇듯 타락의 위험을 무릅쓰지 않고서 유동하는 상황 바깥에서 발화된 사상이라면 현실에서 무게를 지니지 못할 테며, 따라서 사상으로서 기능하지도 못할 것이다. 다시 적어본다. '사실로서의 사상'이란 어떤 사상이 무엇을 자신에게 과제로 부과하고, 구체적 상황 속에서 그것을 풀어냈는지 혹은 풀어내지 못했는지를 섬세히 재보는 사고의 양식을 가리킨다. 전쟁의 역사에서 이러한 사실로서의 사상을 추출해내려면 아프더라도 덮어두지 말고 곪은 부위를 파고들어야 한다. 그래서 그는 「근대의 초극」을 작성했다.

사상의 논리

한편 다케우치 본인에게 「근대의 초극」은 「대동아전쟁과 우리의 결의」에 대한 사상적 응답이기도 했다. 그는 「근대의 초극」에서 제2차 세계대전 동안 일본이 치른 전쟁을 이중의 전쟁, 즉 아시아 침략 전쟁과 열강에 맞선 제국주의 전쟁이 중

133 같은 글, 114쪽.

첩된 것이라고 주장했다. "대동아전쟁은 식민지 침략 전쟁인 동시에 제국주의에 대한 전쟁이기도 했다. 실상 이 두 측면은 일체화되어 있지만 논리로는 반드시 구별해야 한다."[134] 바로 「근대의 초극」은 1941년 12월 선전조칙으로 대對 중국 전쟁이 대對 제국주의 전쟁으로 전화되었다고 판단해 지지를 보냈던 자신의 착오를 다시금 직시하기 위한 정리 작업이었던 셈이다.

객관적으로 보건대 제2차 세계대전 당시 일본의 전쟁이 침략 전쟁이었고 제국주의에 맞선 전쟁이었다기보다 제국주의 간의 전쟁이었음은 부인할 수 없는 사실이다. 그러나 다케우치를 비롯한 많은 지식인은 당시 진주만 공습으로 전쟁의 방향이 바뀌었다며 환영했다. 다케우치는 「근대의 초극」 3장 '12월 8일의 의미'에서 일본의 군국주의를 심정적으로 용납할 수 없었던 지식인이 진주만 공습으로 어떤 '지적 전율'을 거쳐 "저항에서 협력에 이르는 심리적 굴절"[135]을 겪었는지를 상세하게 기술한다. 다케우치는 바로 그러한 '주관적 성분'을 구제해내려고 했던 것이다. 왜냐하면 그 주관적 성분은 결과적으로 오판에서 기인했지만 거기에는 아시아 침략 전쟁에 대한 반감도 담겨 있었기 때문이다.

또한 다케우치는 여기서 전쟁과 평화, 저항과 굴복이라는 또 다른 이항대립적 도식을 타파하려고 했다. 당시의 총력전 상황에서 '전쟁 반대'를 외쳐 반전 세력을 결집하는 일은 지극히 요원했다. 총력전으로 접어든 1941년부터 일본에서는 추상적인 평화론이 일절 통용되지 않았다. 따라

134 같은 글, 141쪽.
135 같은 글, 134쪽.

사상의 번역

서 "전쟁 상황에서 단순한 영합·편승·추종, 다시 말해 사상을 방기한 껍데기뿐인 사상과 자주적이고 창조적이며 민중을 향해 책임을 지는 사상을 구별하기란 쉽지 않다. 민중에게 돌 맞을 선지자가 아닌 한 전쟁 상황 아래서 저항과 굴복은 거의 종이 한 장 차이다."**136**

그 조건에서 다케우치가 상정할 수 있었던 평화론은 국가에 의한 전쟁에 반대한다는 논리와 전쟁을 수행하는 국가 내부로 비집고 들어가 전쟁의 성격을 조금이라도 바꿔간다는 논리가 중첩된 것이었다. 이른바 독으로 독을 삭힌다는 것이다. 그런 까닭에 전후에 들어서도 그는 올바른 입장을 견지했지만 국가권력에 탄압받아 목소리를 거의 내지 못했던 공산주의자들이 아니라 교토학파, 문학계, 일본 낭만파의 합작에 의한 근대의 초극을 주목했던 것이다. 진정한 반전反戰의 가능성은 체제 바깥에서 대항한다고 만들어낼 수 없다. 체제 안에서 체제를 수정해간다는 버겁고도 위험한 시도 속에서만 건져낼 수 있다.

사상이 현실에 작용한다고 할 때 그 사상의 논리란 무엇인가. 그것은 전쟁 중에도, 지금까지도 발견되지 않았다. 발견되지는 않았지만 발견하려는 노력은 있었다. 전쟁의 이중 구조를 비집고 들어가 그것을 구분하고, 그렇게 전쟁의 성격을 바꾼다면 가능하다.**137**

그런데 우리는 이런 의심의 눈초리를 보낼 수 있다. 다케우치는 '평시' 상태인 전후의 규범으로 '전시'에 등

136 같은 글, 151~152쪽.
137 같은 글, 161쪽.

장했던 근대의 초극을 단죄하는 분위기에 의문을 제기함으로써 체제 반대의 입장에 서지 못했던 자신의 과거에 면죄부를 주려는 것인가.

나는 그렇지 않다고 본다. 그리고 「근대의 초극」은 과거 일을 정리하기 위해 작성한 것도 아니다. 현실에 작용하는 "사상의 논리"를 다시금 규명하러 나선 것이다.

여기서 「대동아전쟁과 우리의 결의」로 돌아가보자. 앞서 인용했던 문장이다. "대동아전쟁은 훌륭히 지나사변을 완수하고 이것을 세계사에서 부활시켰다. 이제 대동아전쟁을 완수하는 일은 바로 우리의 몫이다." 앞서는 그냥 넘어갔지만 이번에는 '세계사'라는 표현을 주목해 이 문장을 풀어보자. 그렇다면 대동아전쟁을 통해 지나사변의 의미를 세계사의 차원에서 해석한다는 의미가 된다. 달리 말하면 중국과의 관계를 바탕으로 세계사를 고쳐 쓴다(역사로 진입한다)는 의미다. 그리고 이 문장은 사실 세계사파, 즉 교토학파를 겨냥하고 있다. 다케우치는 그들로부터 철학적 세례를 받았지만 그들의 허술한 중국론에 대해서는 줄곧 불만을 품고 있었다.

교토학파의 니시타니 게이지西谷啓治, 스즈키 시게타카鈴木成高는 '근대의 초극' 좌담회에 참석하기 전인 1941년 11월 26일 다른 교토학파의 학자인 고사카 마사아키高坂正顯, 고야마 이와오高山岩男와 함께 '세계사적 입장과 일본'이라는 좌담회를 꾸렸다. 선전조칙이 내려지기 전이었다. 그들은 대동아전쟁이 발발한 뒤로도 '동아공영권의 윤리성과 역사성' '총력전의 철학'이라는 좌담회를 이어갔다. '근대의 초극' 때와 달리 그들의 좌담회는 서구적 근대에 맞서 대동아공영권의 이념을 논리정연하게 설명해나갔다. 특히 '대동아공영권의 윤리성과 역사성'에서 그들은 대동아에서 일본이 지도적 위치에 서는 것은 일본의 세계사적 자각을 의미한다며 서구적 근대의 극복을 주창했는데, 정작 또 하나의 전선에서 상대였던 중국은 시야에서 누락됐다. 그들은 중국을 그저 일본의 대동아전쟁의 의의를 이해하지 못하는 불손한 존재로 여겼을 뿐이다. 그리하여 다케우치는 교토학파와 다른 각도에서 중국을 도입해 세계사의 재작성을 기도했던 것이다.

그 점에서 「대동아전쟁과 우리의 결의」가 당시 개전을 지지하던 여느 글과 달랐던 특징에 주목해봐야 할 필요가 있을 것이다. 첫째, 이 글에서는 교전국인 미국에 대한 언급이 한 마디도 나오지 않으며, 전쟁 상황에 대한 어떠한 분석도 없다. "싸우자"는 요구가 나오지만 누구를 향하는지가 불분명하다. 전쟁은 근대를 부정하고 그 부정의 끝 간 데서 새로운 세계를 스스로 건설하는 계기로 묘사되고 있을 따름이다. 둘째, 적국에 대한 언급이 나오지 않는 대신 다케우치 자신이 맞서야 할 구체적 대상이 나온다. 바로 "사이비 지나통, 지나학자 및 지조 없는 지나방랑자"**138**다. 즉 그는 조국이 치르는 전쟁을 당파성을 내건 자신의 전쟁으로 전이시켰다. 동시에 '서양 대 일본'의 문제를 '중국과 일본'의 문제로 전이시켰다.

전후에도 다케우치는 일본인이 전쟁에서 미국과 영국에게 졌다고 여길 뿐 중국에게 패배했다고는 실감하지 않는다는 사실에 불안을 느꼈다. 중국 멸시(와 서구추종주의)는 전전과 전후 사이에 단절이 없는 것

138 다케우치 요시미, 「대동아전쟁과 우리의 결의」, 「다케우치 요시미 선집 1」, 61쪽.

이다. 그러나 다케우치가 보기에 중국에는 '현실을 움직이는 사상'
이 있었다. 20세기 중국은 "전쟁의 성격"을 혁명으로 전이시켜 자신
을 재구축했다. 다케우치는 그러한 중국적 근대의 초극을 주시하지
않을 수 없었다. 그래서 중국의 경험을 끌어들여 일본의 뒤틀린 근
대를 해부하려고 했다. 거기서 마오쩌둥은 다케우치에게 소중한 사
상적 자원이 될 수 있었다. 그리고 그 이전에 루쉰이 있었다.

사상의 번역

6장　자신의 근대

근대란 무엇인가

이제 미뤄뒀던 「근대란 무엇인가」를 본격적으로 분석할 때가 되었다. 이 글은 1948년에 발표되었다. 저작 목록을 보면 다케우치는 1933년 「위다푸 연구」로 박사논문을 써낸 이래 1977년 숨을 거두기까지 매해 거르지 않고 글을 발표했지만 1945년만 비어 있다. 짐작할 수 있듯이 중국 전장에 있었기 때문이다. 다케우치는 1944년에도 중국에 있었는데 『루쉰』이 유일한 저작물로 그해를 채우고 있다. 이는 1943년 그가 탈고해 건네준 원고를 다케다 다이준이 교정하여 이듬해 출간했기 때문이다. 그리고 중국으로부터 돌아온 1946년부터 다케우치는 다시 집필 활동에 나섰는데 태반이 루쉰에 관한 내용이었다. 그 정점에 「근대란 무엇인가」가 있다. 앞서 밝혔듯이 이 글의 원래 부제는 '루쉰을 단서로 삼아'다. 훗날 다케우치는 전장에서 돌아와 생활이 곤궁하던 시기에 "정신적 난관을 하나 넘어서야겠다고 진지하게 고민한 끝에 수십 일을 허비해 작성했다"고 회고한다.

다케우치가 이 글을 쓰던 시기, 일본 사상계에서는 강화논쟁과 더불어 패전국 일본은 승전국 미국으로부터 어떻게 독립해야 할 것인가라는 논의가 비등했으며, 전전의 국수주의와 일본주의에 대한 반작용으로 소위 서양산 지식을 들여오자는 근대주의가 횡행했다. 그러한 시대 분위기 속에서 다케우치는 이 글을 쓰고 또 발표했다. 즉 '근대란 무엇인가'를 물었다. 그런 의미에서 이 글은 서양의 근대를 모델로서 들여와 변혁을 추진하는 전후 민주주의자(근대주의자)를 향한 비판이라고도 간주할 수 있다.

「근대란 무엇인가」는 다케우치의 글 가운데서도 특히 읽기가 어렵다. 일단 문체가 무척 독특하다. 압축과 생략으로 지극히 함축적이다. 아포리즘에 가깝다. 내용은 불투명하다. 그의 글 가운데서도 유독 중층적 구조를 취하고 있다. 쑨거는 다케우치가 이 글에서 세 가지 문제에 집중했다고 분석한다. "첫째, 동서 대립 도식에서 동양과 서양의 관련성 문제. 둘째, 서양의 침략에 대항하는 과정에서 동양이 어떻게 자신의 근대를 형성할 실마리를 마련할 것인지의 문제. 그리고 셋째, 절망의 의미에 관한 문제."[139] 그러나 논리적 형태를 취해 세 가지 문제를 순서대로 제기하지 않아서 파악하기가 어렵다고 부언한다. 또한 쑨거는 주의를 촉구한다. 다케우치는 실체적 개념으로 기능적 문제를 다뤘다. 따라서　　**139** 127쪽.

그의 진정한 논점은 글의 표면이나 논리적 추론에 담기지 않는다. 행간에서 잠재적 형태로 존재하고 있다. 따라서 「근대란 무엇인가」를 읽을 때 우리는 기성의 개념이 유혹하는 사고의 타성을 경계해야 한다.

이제 본문으로 들어가보자. 첫째 절은 '근대의 의미'다. 그러나 정작 다케우치는 근대의 의미를 밝히지 않는다. 루쉰이 근대 문학의 건설자라는 진술이 나올 뿐이다. "루쉰은 전근대적 면모가 많지만, 그럼에도 역시 전근대를 품는 모습으로 근대라고 해야 한다."**140** 다만 여기서 두 가지 함의는 읽어낼 수 있다. 다케우치는 전근대와 근대를 연대기적 순서로 나누지 않았으며, 동양의 근대를 루쉰적 근대로 읽어냈다. 즉 동양은 저항을 통해서만 자신의 근대를 이룰 수 있다.

거듭 말하지만 다케우치는 루쉰을 두고 선각자가 되지 못한 '역사적 중간물'이라 불렀다. 그러나 시대에 반보 뒤처진 루쉰의 후진성은 중국 근대화의 후진성과 겹쳐지기에 진실했고, 그리하여 루쉰은 중국 근대 문학의 대표자가 될 수 있었다. 시대의 선각자가 한 명 한 명 도태될 때마다 역사적 중간물은 조금씩 존재의 무게를 더해간다. 그리고 일찍이 없었던 저항의 방식을 일궈낸다. 다케우치는 바로 이러한 루쉰의 저항을 동양의 운동 원리에 접목시키고자 했다.

이어지는 절은 '동양의 근대' 그리고 '서양과 동양'이다. 여기서 다케우치는 서양과 동양의 관계를 파고든다. 서양과 동양은 용어의 대등함과 달리 등질평면 위에 존재하지 않는다. '서양 대 동양'의 대對는 힘

140 다케우치 요시미, 「근대란 무엇인가」, 『다케우치 요시미 선집 2』, 218쪽.

의 비대칭성이라는 위계 관계를 품고 있다. 서양은 경계 지어진 영토상의 명칭이지만 자기 한정을 거부하고 바깥으로 뻗어나간다. 서양은 하나의 특수로서 다른 항(동양)과 대립하지만, 다른 항이 자신을 특수로서 인식할 때 보편적 준거점으로서 작용한다. 따라서 서양은 서양 대 동양이라는 대립 관계의 한쪽 항이자 그 대립 자체가 발생하는 장소다. 동양은 그런 서양과의 차이를 통해 자기 인식을 획득한다. 그 위계 관계에 근거해 서양은 동양을 자기 세계로 내부화했고 차라리 동양을 생산했다. "동양의 근대가 유럽이 강제한 결과라는 점 혹은 그 결과에서 도출되었다는 점은 일단 인정하지 않을 수 없으리라."[141]

반면 서양의 "근대란 유럽이 봉건적인 것으로부터 자신을 해방하는 과정에서(생산의 면에서는 자유로운 자본의 발생, 인간의 면에서는 독립되고 평등한 개체로서 인격의 성립) 그 봉건적인 것에서 구별된 자기를 자기로 삼아 역사에서 바라본 자기인식이다."[142] 풀이하자면 동양의 근대는 강제된 산물이지만, 서양의 근대는 유럽의 자기인식으로 출현한 것이다. 그 비대칭성으로 말미암아 서양에게 근대란 자기 실현이나 동양의 근대는 서양화다. 결국 동양의 근대화는 서양에 의한 식민화로 견인되었다.

이차적 저항

그러나 동양의 근대화는 한편에서 서양에 대한 저항

141 같은 글, 219쪽.
142 같은 글, 220쪽.

사상의 번역

도 동반했다. "저항을 통해 동양은 자신을 근대화했다. 저항의 역사는 근대화의 역사이고 저항을 거치지 않는 근대화의 길은 없었다."**143** 하지만 동양은 저항해도 서양의 지배로부터 벗어날 수 없었다. "동양에 대한 유럽의 침입은 동양에서 저항을 낳았고 그 저항은 자연스레 유럽으로 반사되었지만 그조차 모든 것은 궁극적으로 대상화할 수 있다는 철저한 합리주의의 신념을 흔들어놓지 못했다. 저항은 계산 속에 있었고, 저항을 거쳐 동양은 점차 유럽화할 운명이라고 예견되었다. 동양의 저항은 세계사를 보다 완전하게 만드는 요소에 불과했다."**144**

동양은 서양화되는 동시에 서양에 저항하지만 그 저항은 서양의 근대를 보다 완전하게 만들 뿐이다. 바로 헤겔의 역사철학이 주장한 바다. 또한 서양중심주의에 대한 섣부른 탄핵이 무위로 그치고 마는 이유기도 하다. 그리고 동양은 저항의 결과 패배할 뿐이다. 힘의 비대칭성은 해소되지 않았기 때문이다. 그러나 바로 그 지점에서 다케우치는 서양에는 보이지 않는 저항, 이차적 저항을 제시하고 있다. 나는 감히 이 대목을 「근대란 무엇인가」의 핵심이라고 생각한다.

패배는 저항의 결과다. 저항에 의거하지 않는 패배란 없다. 따라서 저항의 지속은 패배감의 지속이다. 유럽은 한 걸음씩 전진하고 동양은 한 걸음씩 후퇴했다. 후퇴는 저항을 수반한 후퇴였다. 이 전진과 후퇴가 유럽에는 세계사의 진보이자 이성의 승리로 인식된다는 사실, 그것이 지속되는 패배감 속에서 저

143 같은 글, 224쪽.
144 같은 글, 222쪽.

항을 매개로 동양에 작용했던 때 패배는 결정적이 되었다. 결국 패배는 패배감으로 자각되었다.

패배가 패배감으로 자각되기까지는 어떤 과정이 있었다. 저항의 지속이 그 조건이다. 저항이 없는 곳에서 패배는 일어나지 않으며, 저항은 있되 지속이 없다면 패배감은 자각되지 않는다. 패배는 한 번뿐이다. 패배는 한 번뿐이라는 사실과 자신이 패배한 상태라는 자각은 직접 연결되지 않는다. 오히려 패배는 패배라는 사실을 잊는 방향으로 자신을 이끌어 이차적으로 자신에게 다시 결정적으로 패배하는 일이 잦기 때문에 그 경우 패배감은 당연히 자각되지 않는다. 패배감에 대한 자각은 자신에게 패배한다는 이차적 패배를 거부하는 이차적 저항을 통해 일어난다. 여기서 저항은 이중이 된다. 패배에 대한 저항임과 아울러 패배를 인정하지 않는 것 혹은 패배를 망각하는 것에 대한 저항이다.[145]

앞서 말했듯이 동양의 근대는 서양에 대한 자기인식의 일부다. 동양은 서양 속에 포함되어 있다. 동양은 서양을 자기 바깥의 상대로 인식하지만, 서양에게 동양은 자기 인식의 일부일 따름이다. 따라서 '동양 대 서양'이라는 구도는 동양 측에서만 의식된다. 동양의 세계(표상)는 늘 서양의 세계보다 작다. 그렇다면 상대를 대상화할 수 없을 때, 혹은 자신이 상대에게 속해 있는데도 상대에게 저항해야 할 때 그것은 어떻게 가능한가.

인용구로 돌아가보자. 여기서 '일차적 저항'은 동   [145] 같은 글, 224~255쪽.

양의 의식상의 동양 대 서양에서 발생하는 저항이다. 그것은 지체를 만회하기 위해 근대화를 꾀하는 저항이며, 서양에게 반사되는 저항이며, 서양에게 승인을 요구하는 저항이며, 서양에게 보이는 저항이다. 그러나 '이차적 저항'은 자신이 패배하고 있음을 망각하지 않는 것, 철저하게 패배자, 약자, 노예의 입장을 견지하고 그 한계 조건을 다시 자기 안으로 내재화하는 저항인 것이다. 서양이라는 타자에 저항하는 동시에 자신의 실체화 역시 거부하는 운동인 것이다. 따라서 동양의 이차적 저항은 서양에게는 보이지 않는다.

통상적으로 저항이란 자신을 억압하는 자신보다 강하고 큰 상대와 맞서는 일이다. 하지만 다케우치가 이해한 루쉰의 저항은 그 과정에서 얻어지는 자기동일성에 대한 거절까지를 요구했다. 그리하여 이차적 저항은 헤겔 변증법의 반反이라는 항이 되지도 않는다. 부정이 대립항에 맞서 주체가 정립된다는 의미라면, 이차적 저항은 부정이 아니다. 이차적 저항은 상대와 더불어 자신도 와해시키고자 한다. 상대와 맞섰을 때 주어지는 자기 위치와도 대결하여 상대는 가질 수 없는 유동성을 품어야 한다. 이것은 바로 쩡짜다.

서양에 대한 동양의 관계란 추상적인 것이 아니라 불균형 속에서 전개되며, 패배를 매개로 하는 무엇이다. 따라서 저항은 상대를 극복하기 위한 것이 아니라, 부단한 유동성 속에 자신을 내 맡기는 일이다. 타자와의 관계가 사라진 '해방'은 존재하지 않는다. 동양의 저항이란 비대칭적 구조로 인해 늘 한계를 갖지만, 그 한계를 통해서만 구조의 와해에 이르려는 고투이며, 바깥에서 주어지는 해방의

환상을 거부하고 유동하는 그 관계에 내재함으로써만 가능한 비판
행위다. 이것이 루쉰에게 저항의 의미이며 다케우치가 이해한 동양
의 운명이다.

노예적 근대

그렇다면 동양의 위치에서 서양의 근대는 어떻게 극복할 수 있는가.
서양의 근대를 극복하는 일은 근대의 외부가 존재한다거나 동양의
고유성을 찾아나서는 방식으로는 이뤄질 수 없다. 그것은 반근대 내
지 토착주의라는 노스탤지어에 빠질 공산이 크다. 근대화가 진전됨
에 따라 동양은 자신의 과거에 향수를 느낀다(자기 오리엔탈리즘).

　반면 서양이라면 논리적으로 자신의 과거에 향수를 느끼지 않
는다. 서양의 역사는 자기극복의 도정이다. 동양의 향수란 서양과
동양 사이에서 진행된 전진=후퇴의 운동의 잔상이 동양 측에 남아
있기에 발생하는 것이다. 하지만 동양의 향수는 서양의 근대 너머를
내다보는 창구가 될 수 없다. 서양의 근대 논리에는 이미 그러한 부
정항조차 내장되어 있다. 따라서 동양은 이 잔상을 파각하기 위해서
도 저항하지 않으면 안 된다. 그런 의미에서도 '저항'은 이중의 의미
를 띠게 된다. 타자에 대한 저항이자 자신을 향한 저항인 것이다.

　오히려 다케우치가 생각한 동양의 근대라고 명명할 만한 것이
있다면, 그것은 서양의 근대가 동양에 이식되어도 동일한 방식으로
전개되지 않는다는 사실에 근거해 동양의 역사 속에서 서양의 근대

를 '역사화'하는 것이다. 서양과 동양 사이의 비대칭적 구도로 말미암아 서양의 근대는 동양의 역사에서 다른 양상으로 전개되었다. 그 사실로부터 다케우치는 동양의 근대를 재해석하고 서양의 근대마저도 '역사주의'에서 적출해 역사화하려고 했다.

그러나 다케우치는 말한다. 서양은 정신이 운동한다. 그래서 부단히 자신을 넘어선다. 그러나 동양에는 유럽에서 보이는 정신의 자기운동이 없다. 그런 까닭에 서양의 근대화 운동에 직면하면, 동양은 그것을 정태화하고 실체로 여긴다. 서양의 전진이 곧 동양의 후퇴라는 상호매개의 관계는 망각되고 동양 측에는 단순한 가치판단과 서양을 향한 동경만이 남는다.

> 후퇴의 관념은 전진을 상대에게 투사한 대립 개념으로서 발생한다. 따라서 상관적이지만 그것이 후퇴의 방향에서 받아들여질 때는 이미 상관성을 잃고 각기 고립된 실체로서 고정된다. 전진과 후퇴라는 두 가지 실체적 관념은 후퇴의 방향에서는 서로를 매개하지 않고, 따라서 모순하지도 않으며, 그러므로 다시 통일하지도 않는 상태로 병존한다.**146**

그리하여 다케우치는 이 글에서 서양에 저항하는 동양과 서양을 추종하는 동양을 함께 거론한다. 앞서 정리해뒀던 두 가지 노예론을 가져온다면, 저항하는 동양은 '깨어난 노예'의 운명이며, 추종하는 동양은 '노예근성'의 발현이다. 조금

146 같은 글, 223쪽.

더 도식화하자면 저항하는 동양과 추종하는 동양을 '중국의 근대'와 '일본의 근대'에 나누어 할당할 수 있다. 이것은 지나치게 도식적이지만 다케우치는 굳이 이런 도식을 내놓았다.

서양에게 진보란 정신의 운동 과정에 관한 자기표상, 자신의 과거와 대결하는 자기갱신이지만 동양의 진보란 서양으로부터 새것을 들여오는 일이다. 다케우치는 일본이 그런 동양의 표본이라고 여겼다. 일본의 근대는 그저 자기 바깥에서 만들어진 좋은 가치와 기술을 재빨리 가져올 따름이다. "나는 일본 문화의 구조적 성질 때문에 일본이 유럽에 저항하지 않았다고 생각한다. 일본 문화는 바깥을 향해 늘 새것을 기대한다. 문화는 늘 서쪽에서 온다."**147** 일본 문화의 구조적 성질이란 무엇인가. 다케우치는 일본 문화를 '우등생 문화'라고 부른다. 즉 지체를 만회하려고 분발하는 문화다. "일본 문화는 진보적이며 일본인은 근면하다. 그건 정말이지 그렇다. 역사가 보여준다. '새롭다'가 가치의 규준이 되며, '새롭다'와 '올바르다'가 포개져서 표상되는 일본인의 무의식적 심리 경향은 일본 문화의 진보성과 떼놓을 수 없으리라."**148**

일본은 애초 "정신이 공석"이었던지라 서양의 진전이 곧 동양의 후퇴라는 상관성을 놓치고 서양의 진보를 고립된 실체로 여겨 그것을 좇는다. 그렇게 일본은 동양의 타국에 비해 재빠르게 근대화를 성취했다. 그런 의미에서 일본의 근대는 일종의 우등생 문화이되 근대화를 위해 다케우치가 말하는 이차적 저항을 방기했으니 노예 문화이고 전향 문화다. 일

147 같은 글, 263쪽.
148 같은 글, 239쪽.

본의 근대화 과정에서 일본은 분발해 노예에서 노예주가 될 수 있었을 따름이다. 다케우치는 신랄하게 표현한다. "우월감과 열등감이 병존하는, 주체성을 결여한 노예 감정의 근원이 여기에 있으리라."**149**

반면 중국의 근대에서는 자기 내부를 향한 혁명이 일어나며 타자에 대한 저항을 매개하여 자기갱신을 이룬다. 일본이 전향의 문화라면 중국은 회심의 문화이며, 일본이 끊임없이 새것을 추구하는 동안 자신을 방기한다면 중국은 부단한 저항 속에서 자신을 갱신한다. 일본의 근대화는 서양의 것을 빌려와 흉내 낸 것에 불과하지만, 중국은 서양을 따라가기를 거부해 뒤처졌으나 보다 튼실하게 자신의 근대를 일궈낸다. 이리하여 "보수적이어서 건강하고 진보적이어서 타락한다는 차이"가 생겨났다.**150**

그렇다고 다케우치가 내놓은 이 도식을 도식인 채로 받아들여서는 안 될 것이다. 오히려 일본과 중국에 관한 이러한 대비에서 건져내야 할 것은 근대성에 관한 도식적이지 않은 인식일 것이다. 그리고 우리의 관심에서 읽어 들인다면, 다케우치는 『루쉰』에서 형상화한 '문학적 태도'를 동양의 근대성에 대한 논의에 적용했다고 말할 수 있다. 그는 문학을 하나의 장르로부터 주체의 유동적 자기부정과 자기재건의 장으로 개방했는데, 그것이 이제 내부를 향하는 찡짜적 저항의 형태로 동양의 근대를 구동하는 역설로 자리를 잡은 것이다. 즉 자기를 버림으로써 자기를 획득한다는 역설이며, 자기부정을 통한 자기실현의 길이다.

149 같은 글, 233쪽.
150 같은 글, 250쪽.

근거지와 회심

다케우치는 자신의 도식을 도식으로 받아들인 자들로부터 중국을 이상화했다는 비판을 받곤 했다. 다케우치가 그려낸 중국은 역사의 실상에서 벗어나 있다는 것이다. 확실히 다케우치가 중국에 부과한 역할은 때로 실제의 중국을 초과했다. 하지만 함께 떠올려야 할 사실은 대중이 중국을 멸시하고 사상계가 중국을 외면할 때 다케우치는 서양이 아닌 중국을 이상화했다는 점이다. 더구나 그의 중국론은 일본론으로 제출되었다. 다케우치는 일본이 결여한 요소를 투사해 중국을 형상화해냈으며, 그런 중국을 거울 삼아 일본의 모습을 되비춰 일본의 뒤틀린 근대를 직시하려고 했던 것이다. 다케우치의 중국 이미지는 이상화된 측면이 있지만, 그가 패전의 굴욕을 곱씹고 그 굴욕을 낳은 일본의 비틀린 근대를 향한 비판의식에 기초해 일본인의 주체성을 재건하겠다는 의지를 갖고 있었기에 중국은 이상화될 수 있었다.

아울러 다케우치의 중국 이미지는 그의 독특한 역사철학에서 조형된 것이다. 다시 「근대란 무엇인가」에서 한 구절을 취해보자. "전진=후퇴는 순간이다. 그것은 유럽이 유럽이 되는(따라서 동양이 동양이 아니게 되는) 긴장의 순간이다. 순간이란 극한이어서 연장을 갖지 않는 역사상의 한 점이라기보다 역사가 거기서 나오는 장소(폭이 아니라)라는 의미다."[151]

「근대란 무엇인가」는 서양의 확장으로서의 '세계사'를 생성 현장, 즉 전진=후퇴의 장소로부터 재작성

[151] 같은 글, 228쪽.

사상의 번역

하려는 기도였다. 동양은 근대화에서 뒤처진 이상 저항의 방식으로 세계사 운동에 참가해야 한다. 그러나 저항의 의의란 열위와 우위를 뒤바꿔놓는 데 있지 않다. 그런 관념 자체가 서양으로부터 반사된 노예 정신이다. 세계사를 재작성하려면 먼저 서양의 전진으로 자신이 패배=후퇴하고 있음을 자각해야 하며, 서양의 근대를 동양의 역사 속에서 역사화해야 한다. 그리하여 이런 전환을 가능케 하는 "역사가 거기서 나오는 장소"가 문학가 루쉰에게는 '회심'이며 그리고 정치가 마오쩌둥에게는 '근거지'다.

　이 대목에서 「근대란 무엇인가」에 이어 검토해야 할 논고가 있다. 「평전 마오쩌둥」이다. 다케우치는 신중국 성립에 이르는 중국 혁명의 흐름을 '(쑨원-)루쉰-마오쩌둥'이라는 구도로 접근했다. 행위로서의 문학(루쉰)과 행위로서의 정치(마오쩌둥)는 중국 혁명의 담지체였다. 그런 점에서 「평전 마오쩌둥」은 「근대란 무엇인가」에 이어서 읽어야 할 글일 뿐 아니라 「근대란 무엇인가」와 포개서 읽어야 할 글이기도 하다.

　다케우치가 『루쉰』에서 루쉰의 '회심의 축'을 찾아내는 데 가장 힘을 들였다는 것을 상기해보자. 「평전 마오쩌둥」에서도 다케우치는 '순수 마오쩌둥'을 찾아 나서고 있다.

> 순수 마오쩌둥이란 무엇인가. 적은 강대하며 나는 약소하다는 인식과 나는 불패라는 확신이 모순의 조합을 이룬 것이다. 이야말로 마오쩌둥 사상의 근본이고 원동력이며, 또한 오늘날 중공의 모든

이론과 실천의 원천을 이룬다. 이는 반봉건과 반식민지라는 중국
현실이 혁명 속에서 끌어올린 가장 높은, 가장 포괄적 원리고 따라
서 보편적 진리다.**152**

이 문구의 '불패'와 「근대란 무엇인가」의 '패배의 자각'은 표현은 반
대일지언정 같은 방향을 향한다. 쩡짜의 방향이다.

차분하게 살펴보자. 먼저 여기서 다케우치가 순수 마오쩌둥으
로 포착한 것은 1927년에서 1930년 사이의, 즉 징강산을 혁명기지
로 삼아 노농홍군을 조직하고 소비에트를 건설하던 시기의 마오쩌
둥이다. 그리하여 『루쉰』이 그저 루쉰 연구서가 아니었듯이 「평전
마오쩌둥」도 평전에 머물지 않았다. 그가 조명한 '순수 마오쩌둥'은
인격이라기보다 하나의 원리인 것이다.

다케우치는 여기서 마오쩌둥의 '근거지론'을 주목한다. 근거지
론은 앞서 「근대란 무엇인가」처럼 나와 타자 사이의 비대칭성을 인
식하는 데서 출발한다. 즉 적은 강대하다. 하지만 '근거지론'에는 패
배에 대한 자각("나는 약소하다") 대신 다른 것이 붙는다. "나는 불패
다." 적은 강대하다는 인식과 나는 불패라는 확신이 모순 속에서 결
정된 것이 근거지론이다.

다케우치는 이를 두고 단순한 의식상의 전도가 아니라 중국 혁
명의 내재적 원리라고 밝힌다. 즉 아무리 강한 적이
라도 중국의 근거지로 파고들수록 전력이 저하된다. **152** 다케우치 요시미,
전력이 균형을 이루는 순간 반격을 시작한다. 그러면 「평전 마오쩌둥」, 『다케우치
요시미 선집 2』, 275쪽.

적은 섬멸되고 근거지는 다시 확대된다. 마오쩌둥은 승리를 거두는 '주체적 논리'를 적과의 전력이 불균형에 놓여 있다는 '객관적 조건'에서 찾아냈다. 그는 이러한 근거지론을 노선으로 취해 취추바이瞿秋白, 리리싼李立三 등이 주장한 노동자의 대규모 도시 폭동 요구에 따르지 않고, 농촌에서 근거지(소비에트)를 착실히 건설해나갔다.

이러한 근거지는 중국 역사의 산물이다. 중국 혁명은 중국이라는 역사적·지리적 조건 속에서 치러진 전쟁을 모체로 삼았다. 근거지는 항일전쟁과 국공내전이라는 이중전쟁으로 인해 생겨났다. 역사의 폭을 넓게 취하면, 태평천국을 포함해 백 년에 걸친 격동의 역사는 중국 혁명의 토양이 되었다. 신해혁명은 거대한 근거지를 개발하는 분기점이었다. 절대군주제를 쓰러뜨려 막대한 혁명의 에너지를 해방시켰다. 국공합작과 북벌도 그러했다. 그것들 없이는 후난 농민의 혁명적 에너지가 해방되지 못했을 것이며 마오쩌둥이 징강산에서 혁명기지를 건설할 수도 없었을 것이다.

그런데 우리는 여기서 다케우치의 해석을 주목할 필요가 있다. 그는 말한다. 근거지는 하나의 고정된 장소가 아니다. "근거지란 일정한 지역을 의미하지 않으며 철학적 범주다. 절대로 빼앗을 수 없는 것이라는 뜻이다. 고정적이지 않으며 동적이다. 고수해야 할 것이 아니라 발전시켜야 할 것이다. 폐쇄적이지 않고 개방적이다."[153] 그리하여 다케우치에 따르면 근거지는 인간의 모든 활동에 적용된다. 반제국주의 전쟁에서도 내전에서도, 나아가 국제적 사회주의권 성립에서도 관철될 수 있다. 한편 개인

[153] 같은 글, 277쪽.

의 수준에서도 존재한다. 그것이 루쉰에게는 회심으로 나타났다.

근거지란 불균형한, 패배로 이를지 모르는 조건에서 가치의 전환을 이뤄내는 자기개조의 장을 뜻한다. 여기서 다케우치는 중국의 사상 운동을 일본 지식인의 사상 과제와 이어 맺으려 했다.

> 자기개조의 근본은 자기주장을 버리는 일이다. 그것이 진정한 자기 획득의 길이다. 학생은 교복을 벗어라. 그로써 진정한 학생이 된다. 인텔리는 인텔리의 특권을 버려라. 그로써 진정한 인텔리가 된다. 사람이라면 한 번은 무소유자로 살아봐야 한다. 왜냐하면 근거지는 자생하는 것이지 남의 힘으로 세울 수 있는 것이 아니기 때문이다.[154]

여기서 자기 주장을 버리는 것은 전향과 다르며, 차라리 반대다. 전향이 외부의 압력을 이기지 못해 자신을 버린 것이라면, '근거지론'의 자기개조는 외부의 불균형한 조건을 자기 몸으로 받아내 자기개조에 이른 것이다. 전향에서 외부의 환경은 전향을 해보아도 그대로 남지만, 자기 개조에서 바깥의 환경은 주체 갱신의 축을 따라 변화한다. 그리하여 「근대란 무엇인가」에서 '패배의 자각'과 「평전 마오쩌둥」에서 '불패의 확신'은 주체의 자기갱신이라는 같은 방향을 향한다. 전자가 루쉰적이라면 후자는 마오쩌둥적이며, 양자는 모두 중국적이다. 그리고 쩡짜적이다.

154 같은 글, 288쪽.

사상의 번역

문명사의 역설

다케우치 요시미가 저렇듯 서양의 근대에 맞선다는 선명한 기치를 내세우지 않고 '투입하다-끄집어내다'라는 복잡한 저항의 양식을 모색한 데는 시대적 배경이 있다. 여기서 패전 무렵의 도쿄재판으로 돌아가봐야 할 것이다. 도쿄재판을 겪었기에 다케우치의 근대론은 문명관으로 내딛어야 했다.

도쿄재판은 1946년 5월 반추축국연합국의 명의로 시작된 극동 국제군사재판의 약어다. 1946년 1월 19일 연합국 최고사령관인 맥아더는 만주사변으로부터 태평양전쟁에 이르는 일본의 전쟁범죄를 심리하고 처벌하기 위한 「극동국제군사재판소의 설립에 관한 명령」을 발포했고, 이에 기초해 4월 28일 A급 전범 용의자 28명에 대한 기소장이 발표되어 5월 3일 재판이 개시되었다. 그 결과 연합국 총사령부가 도조 히데키 등 39명에 대한 체포 명령을 내린 것을 시작으로 일본에서만 1천 명 이상이 전범 용의자로 체포되었다. 2년 반의 심리를 거친 끝에 1948년 11월 12일에 판결이 내려졌는데 도중에 사망 등으로 제외된 3명을 제외하고는 모든 피고인에게 유죄가 선고되었으며, 도조 히데키 등 7명의 피고는 12월 23일에 처형당했다.

도쿄재판은 '평화·인도에 대한 죄'를 추가해 국제법 역사에서 큰 의의를 갖는다. 그러나 미국을 위시한 소수 국가의 의지를 반영했을 뿐 아시아 피해국 민중의 의지를 담아냈다고는 말하기 어렵다. 도쿄재판에 참가한 판사는 11개국에서 구성되었다. 이중 일본 침략 전쟁의 피해국에서 판사를 파견한 예는 중국과 필리핀뿐이었다. 일본 국민도 재판에 개입할 수 없어 전쟁 책임을 스스로 추궁할 기회를 박탈당했다.

또한 제국주의의 길을 걸었던 미국이 도쿄재판에서 문명의 심판자 역할을 맡을 수 있는지도 의문이었다. 미국은 정의의 이름으로 일본의 비인도적 행적을 심판했지만, 도쿄재판 과정에서 제2차 세계대전 당시 미국이 저지른 만행은 전혀 들춰지지 않았다. 미국이 원자폭탄을 투하해 민간인을 대규모로 학살했다는 사실은 일본의 국가적 죄업을 이유로 정당화되었다. 또한 세균전 연구를 진행한 731부대 등이 중국에서 저지른 만행은 도쿄재판에서 교묘히 은폐되었다. 731부대의 두목 이시이 시로는 재판 과정에서 사면되었고 미국은 생체실험 결과를 독점해 공표를 거부했다.

여기서 곤란한 문제가 발생한다. 도쿄재판에 결함이 있다고 역사적 의의를 부정해서는 현명치 못하지만, 그렇다고 옹호할 수도 없다는 점이다. 즉 이항대립의 사고로는 도쿄재판의 본질을 파고들 수 없다. 여기에 도쿄재판을 둘러싼 전후 정치 세력의 반응을 고려한다면 문제는 더욱 복잡하다. 도쿄재판에 뚜렷하게 적대감을 표시하는 쪽은 대개 우익이다. 그들은 야스쿠니 신사에 A급 전범의 합사를 주장하며 일본 전범의 무죄를 선언하고 도쿄재판을 부정했다. 이런 사정으로 좌익은 도쿄재판의 정당성을 따져 묻기가 어려운 실정이었다. 도쿄재판의 정당성을 추궁하면 자칫 일본의 침략 전쟁을 긍정하는 것으로 곡해될 위험이 있었다. 따라서 도쿄재판을 긍정할 것인가

사상의 번역

부정할 것인가는 실질적 분기점이 될 수 없었다.

다케우치는 이러한 이분법을 넘어서서 문명에 대한 이해로 육박해갔다. 실질적으로 갈리는 지점은 문명관이었던 것이다. 다케우치는 「전쟁 책임에 대하여」에서 일본의 침략 전쟁을 '문명 대 야만'의 충돌로 파악해서는 안 되며, 일본을 '야만'이라고 심판해서도 안 된다고 지적했다. 도쿄재판에서는 문명 대 야만이라는 도식이 연합국 대 추축국이라는 다른 이름을 빌어 활용되었다. 일본은 야만적 추축국으로 단죄받았다.

그러나 실상 문명은 메이지유신 이래 일본이 일관되게 추구해온 목표이기도 했다. 메이지유신 이래의 '탈아'와 쇼와기의 '흥아'는 모두 문명화의 방침이었던 것이다. 그런데 패전한 일본은 '문명'의 이름으로 심판받았다. 따라서 도쿄재판은 문명사적 역설을 품은 사건이었다.

그리하여 다케우치는 "문명으로 야만을 심판한다"던 도쿄재판을 소재로 삼아 문명관을 되물었다. 일본이 근대화 과정에서 자명시해온 문명관을 추궁할 뿐 아니라 '문명=서양'이라는 환상을 따져들었다. 제2차 세계대전 이후에도 문명을 독점하며 서양의 제국주의 세력이 패권을 장악할 수 있었던 것은 문명에 대한 일원화된 이해 위에서 제1세계와 제3세계가 공모 관계로 묶여 있기 때문이었다.

일본과 아시아

"제국주의는 제국주의를 심판할 수 없다."[155] 다케우치는 그렇게 말했다. 도쿄재판이 있은 지 11년이 지나고 나서였다. 그동안 미국은 동아시아에서 침략적 행보를 보이며 도쿄재판 때 자임했던 정의의 심판자 역할을 스스로 저버렸다. 그러나 다케우치가 이 명제를 제기한 시기에도 미국이 타국의 주권을 침탈하는 것에 관한 경계의 심리와 미국을 문명의 대변자로 받아들이는 추종의 심리는 상충하지 않은 채 병존하고 있었다.

여기서 확인해야 할 글이 안보투쟁의 열기가 가라앉은 무렵에 발표된 「일본과 아시아」다. 이 글에서 다케우치는 도쿄재판을 본격적으로 따져 묻는다.

> 도쿄재판은 일본 국가를 피고로 하고 문명을 원고로 해서 국가적 행위인 전쟁을 재판했다. 전쟁은 침략 전쟁이며, 따라서 평화에 대한 침해이고 당연히 문명에의 도전이라는 것이 논고 및 판결의 요지였다. 이 경우의 전쟁이라는 것은 1931년부터 그 이후의 사태를 가리킨다. 1931년 이후만을 그 이전과 분리해서 따로 접근해서는 안 된다. 만약 도쿄재판의 판결이 올바르다고 한다면, 일본 국가가 1931년 이전의 어느 시점에서 문명에서 야만으로 방향을 전환했는지를 탐구하지 않으면 안 된다. 또 도쿄재판의 판결이 잘못되었다고 한다면 어떤 점에서 잘못되었는지를 살피지 않으면 안 된다. 이것이 오늘날 최대의 사상 과제(적어도 그 하나)다.[156]

155 다케우치 요시미, 「근대의 초극」, 『다케우치 요시미 선집 1』, 141쪽.
156 다케우치 요시미, 「일본과 아시아」, 『일본과 아시아』, 서광덕·백지운 옮김, 소명출판, 2004, 178쪽.

사상의 번역

이어지는 문장에서 다케우치는 도쿄재판의 판결이 옳았는지 틀렸는지에 관해 즉답을 피하고 있다. 대신 도쿄재판의 검사와 재판관은 문명일원론을 전제하고 있었음을 지적한다. 사실 이로써 그의 입장은 드러난 셈이다. 왜냐하면 이후로 문명일원론을 거부하고 아시아에서 가능한 문명을 탐구하기 때문이다. 그러나 다케우치는 아시아의 문명이 무엇이어야 하는지를 직접 논하기보다 문명됨의 조건을 따져 물었다. 이를 위해 서양의 문명일원론을 비판적으로 검토한다. 그러나 이 경우에도 서양의 문명일원론을 직접 겨냥하기보다 거기에 기대고 있는 일본의 문명관을 해부하러 나선다. 도입부에 나오는 내용이다.

> 문명일원론이란, 역사는 미개에서 문명으로의 일방통행이라는 역사관을 축으로 하여 세계를 해석하는 사상이다. 문명이란 어떤 본질적인 힘이고 정관사처럼 불려야만 하는 것이다. 그 문명이 야만을 향해 침투해 들어가는 자기운동의 궤적이 역사다. 문명의 내용은 논자에 따라 그리고 시대에 따라 다르지만, 그것이 물질이든 정신이든 하여간 야만에 대한 은총을 통해 스스로를 관철시키지 않을 수 없는 근본적인 무엇이다. 만물을 자라게 하는 태양과 같은 것이다. 문명이야말로 전부다. 이러한 사상이 일본 근대화의 동력이 되었다.[157]

157 같은 글, 174쪽.

여기서 '정관사'라는 표현은 문명의 귀속성을 드러내

고자 사용했을 것이다. 즉 기존의 문명은 서양의 것이다. 서양과 동양의 관계는 비대칭적이다. 서양은 경계 지어진 영토상의 명칭이지만 동양으로 뻗어나가며 운동한다. 서양은 하나의 특수로서 다른 특수와 대립하지만, 다른 특수(동양)가 자신을 인식할 때 보편적 준거점으로 기능한다. 이 인식론적 구도에서 동양의 근대화는 서양화의 양상을 띠며, 서양과 동양의 문화적 차이는 문명적 격차로 번역된다. 그처럼 동양의 근대화는 다케우치가 말한 문명일원론으로 흡수된다.

「일본과 아시아」에서 다케우치는 문명일원론에 근거한 역사주의, 즉 문명사관의 가장 중요한 이데올로그로서 후쿠자와 유키치를 꼽는다. 그러나 다케우치는 후쿠자와를 단죄하려고 거론한 것이 아니다. 후쿠자와의 문제의식을 계승하고자 후쿠자와를 불러들인 것이다. 후쿠자와는 일본이 식민화의 위기에 직면한 시대에 '사상가'로서 살아갔다. 후쿠자와는 『문명론의 개략』과 「탈아론」 등의 저작에서 아시아가 유럽에 잠식당하는 위기 상황을 강조하고 위기에서 벗어날 수단으로서 '탈아'를 선택했다. 후쿠자와에게는 "아시아 동방의 악우를 사절"하고 "서양의 문명국과 진퇴를 함께"함이 나라의 독립을 위한 유일한 방향이었다. 이처럼 나라의 독립이 위태로운 상황에서 후쿠자와의 문명사관은 시대의 필요에 부응한 것이었다. '나라의 독립'이라는 목적을 위해 '문명'을 수단으로 삼는다는 그의 문명사관은 내적 긴장으로 충만했다. 즉 사상의 가치를 지니고 있었다.

그러나 다케우치가 판단하기에 청일전쟁과 러일전쟁을 거쳐 나라 독립의 기초가 다져지자 후쿠자와의 내적 긴장은 사그라졌다. 『시사소언時事小言』의 시기에 이르러서는 서양 문명의 폭력을 시인하는 방향으로 후퇴했다. 나라 독립의 기초가 굳어져감에 따라 내적 긴장관계에 있던 목적과 수단 사이에 분열이 생기고 양자는 관련성을 잃어간 것이다.

'인접국의 개명을 기다려서 함께 아시아를 부흥시킬 여유'가 없기 때문에 '아시아 동방의 악우를 사절한다'는 긴박한 요구가 소멸해 '악우를 사절하는' 것이 독립과 관계없이 목적화되고 '아시아를 일으키는' 쪽은 이 목적에 종속되었다. 좀 더 나아가서는 '악우를 사절'했던 것을 넘어서 아시아에 군림할 수 있고, 게다가 일본이 아시아의 '맹주'가 되는 것이 '아시아를 흥기시키는' 것과 하나라고 인식하게 되었다. 후쿠자와는 '문명'을 위해 '탈아'를 말했던 것이지만, '탈아'의 결과는 문명에 대한 반역이라는 레테르를 바로 그 문명의 본가로부터 부여받게 되는 희비극을 연출했던 것이다.[158]

다케우치는 말한다. 그리하여 "자신의 사상이 국가의 사상으로서 실현되고 정착되었으니 사상가는 사라진다."[159] 그리고 다케우치가 진단하기에 이후의 역사에서 일본은 '탈아'를 거쳐 '흥아'로 돌아왔지만 아시아를 인식하는 능력은 후쿠자와 때만도 못했다. 그러다가 패전했다. 그리고 도쿄재판이 있었다. 그런데 인용구의 말미에서도 다소 언급되었는데,

158 같은 글, 194쪽.
159 같은 글, 177쪽.

다케우치는 한 가지 얄궂은 사실을 주목했다. "도쿄재판은 일본 국가를 피고로 하고 문명을 원고로 해서 국가의 행위인 전쟁을 심판했다. (……) 도쿄재판의 검사와 재판관은 문명일원론 위에 서 있었다. 그 문명관의 내용은 후쿠자와와 거의 같은 것이다. 후쿠자와 문명론의 원류는 기조F. Guizot나 버클H. T. Buckle에 있다고 일컬어진다. 근대 유럽의 고전적 문명관인 까닭에 뉘른베르크 재판을 모범으로 취한 도쿄재판의 원고와 의견이 합치되는 것은 당연한 일이다. 그렇다면 피고인 일본 국가의 대표들은 원고인 연합국을 통해서 후쿠자와 자신에게 고발당했다고 보아야 할 것인가."**160** 이 얄궂은 역설이 전전과 전후의 일본사를 관통하고 있다.

다케우치는 이 얄궂은 역설에서 출발해 문명일원론을 되묻고자 한 것이다. 그렇다면 문명일원론에서 벗어나는 길은 무엇인가. 그것에 관해 다케우치는 명시적으로 입장을 밝히지 않았다. 대신 주목할 문장이 있다. "문명의 부정을 통한 문명의 재건이 아시아의 원리이며 이 원리를 파악하는 것이 아시아다."**161**

여기서 굳이 쩡짜를 다시 가져올 필요는 없을 것이다. 그보다 주목하고 싶은 말은 '아시아'다. 아시아는 문명일원론에서 벗어나 스스로 가치 체계를 수립해 문명을 개척해야 한다. 그러나 이러한 언급 이후로 '아시아의 원리'를 파고들지는 않은 채 문명을 새로 개척하려면 오히려 문명사관의 이데올로그였던 후쿠자와의 긴장 어린 시절로 되돌아가야 한다고 주장하고는 글을 끝맺는다.

160 같은 글, 179쪽.
161 같은 글, 199쪽.

사상의 번역

그래서 우리는 그가 매듭짓지 않은 이야기를 확인하고자 「일본의 아시아주의」, 나아가 「방법으로서의 아시아」로 향해야 한다.

일본의 아시아주의

도쿄재판은 문명 재건의 과제, 미국의 아시아 패권, 일본인의 전쟁 책임이 뒤얽혀 있는 중층적 사상 과제를 남겼다. 그 사상 과제가 표면화되려면 그만큼 복잡한 사건이 필요했다. 그것이 다케우치에게는 안보투쟁이었다. 그에게 안보투쟁이란 미국의 패권에 굴하지 않고 일본이 스스로 문명을 개척할 계기였으며, 전쟁 체험을 매개해 아시아와의 관계를 새롭게 모색할 기회였다. 그러나 결국 안보투쟁에서 다케우치의 바람은 실현되지 않았다. 그는 현실에서 몸을 거둬 역사 속에서 묵묵히 자신의 작업을 이어가야 했다. 그리하여 좌절감을 끌어안은 채 1961년에 「일본과 아시아」를 집필하고 2년 뒤 「일본의 아시아주의」를 작성했다.

패전한 일본은 미군정 아래 놓여 냉전 구조로 말려들고 미국의 아시아 동맹군 역할을 맡으면서 다시금 '탈아입구脫亞入歐'를 진행했다. 다케우치는 「일본과 아시아」에서 이렇게 지적했다. 아시아에 대한 인식 능력의 결핍이 문명일원론의 토양이었다. 아시아에 대해 무지하고 역사적으로 그 무지를 키워왔기에 일본은 아시아가 유럽 문명의 침입에 저항하며 면역력을 길러왔음을 감지해내지 못했다. 간디가 물레를 돌려 문명에 맞서고 쑨원이 '대아시아주의'를 주창해 "패도를 버리고 왕도로 나가자"고 설파하던 진의를 알아차리지 못했다.

이런 비판에서는 좌익도 자유로울 수 없었다. 그들은 어두운 역사 기억을 환기하는 일본의 아시아주의를 건들지 않았으며, 일본의 아시아 침략 전쟁을 반성할 때도 서양의 이론에서 민족주의 비판의 무기를 찾는 데 주력했다. 결국 그들에게도 아시아는 일본의 현실을 비추는 빛을 뿌리는 곳, 광원이 되지 못했다. 오히려 서구라는 광원으로 아시아는 윤곽을 그렸다. 그 까닭에 좌익이 외면한 아시아 문제는 우익적 역사관의 맥락으로 방치되었다. 좌익이 일본의 아시아주의를 계승하지 않았기에 우익이 그것을 이데올로기로서 활용했다. 이런 상황에서 다케우치가 「일본의 아시아주의」를 집필한 것은 제국주의로 기울어간 과거의 아시아주의를 변호하기 위함이 아니라 아시아주의를, 서양의 문명일원론에 맞설 문명관으로 가다듬지 못한 좌익의 책임을 상기시키기 위함이었다.

「일본의 아시아주의」는 아시아인을 향한 연대의식을 한편에 두고 출현한 아시아주의가 지배 권력에 이용당해 결국 대동아공영권으로 치달았지만, 그 비참한 경과 속에서도 사상적 자원을 이끌어내고자 작성한 논문이다. 비록 아시아주의에 우익의 민족주의적 색채가 짙게 배었더라도 거기에는 일본의 근대관과 문명관을 재구성할 계기가 잠재되어 있기 때문이다. 그래서 다케우치는 오해의 위험을 무릅쓰고 아시아주의를 탄생 시점으로 되돌려 그 원리를 발굴하려고 노력했다. "뒤늦게 출발한 일본의 자본주의가 내부 결함을 대외진출로 만회하려는 형태를 반복하며 1945년까지 왔다는 것은 사실이다. 근본적으로 이는 인민이 허약했기 때문이겠는데, 역사 속에서 이런 방향으로 흘러가지 않을 계기를 발견할 수 있는지가 오늘날 아시아주의의 가장 중요한 과제일 것이다."[162]

더욱이 근대의 초극이 그러하듯 아시아주의도 '사상'으로서는 유효 기간을 다하지 않았다. 일본의 아시아주의에는 근대화와 침략주의의 뒤얽힘, 민족주의와 국제주의의 교착, 민족 문제에 대한 좌우익의 오류 등 중대한 문제들이 교차하고 있었다. 그 문제들은 여전히 현재진행형이며, 그런 의미에서 일본의 아시아주의는 일본 근현대 사상사의 궤도와 지평을 축약하고 있다. 따라서 다케우치는 근대의 초극처럼 정면대결이 필요하다고 판단했다. 부정당한 아시아주의 속으로 들어가 거기서 이데올로기로 치부되어선 안 될 사상적 자원을 식별해내고 건져내야 했던 것이다.

심경과 논리 사이

「일본의 아시아주의」는 아시아주의를 정의 내리려는 시도로부터 시작된다.

아시아주의를 말하려면 먼저 '아시아주의'가 무엇인지를 정의해야겠다. 민주주의나 사회주의처럼 보편적 개념이라면 얼마간 공통된 이해가 있을 테니 굳이 개념을 정의하는 데서 출발하는 수고를 들이지 않고 곧장 본론으로 들어가도 되리라.

162 다케우치 요시미, 「일본의 아시아주의」, 「다케우치 요시미 선집 2」, 373쪽.

그러나 아시아주의는 특수하고 또한 놀랄 만큼 다의적이다. 사람마다 그 함의가 다르다. 그러니 아무래도 잠정적이나마 의미를 제한해두고 논의를 시작해야겠다.[163]

다케우치가 아시아주의를 정의하는 데서 시작한 까닭은 아시아주의라는 말의 용도가 매우 다양해서 사상의 대상으로 움켜쥐려면 그 말의 윤곽을 확정해둘 필요가 있기 때문이었다. 우익에서 좌익까지, 국가주의에서 국제주의까지, 침략주의에서 연대주의까지 그렇듯 상반되는 진영과 방향에서 아시아주의는 다채롭게 회자되었다. 다케우치 자신도 아시아주의는 메이지 초기의 국권론과 민권론 그리고 서구화와 국수의 대립 풍조 속에서 발생했다고 보았다. 다케우치는 그렇듯 아시아주의의 넓은 외연을 확인하고 나서, 지나치게 외연이 넓은 아시아주의를 어떻게 정의해야 할지 묻는다.

그러나 그가 내놓는 대답은 아시아주의는 너무 다의적이라서 여러 정의를 가져와본들 현실에서 기능하는 사상은 쥘 수 없다는 것이었다. 아시아주의는 자립한 사상이라기보다 다른 사상에 부착되어 기능하기 때문이다. 따라서 "상황을 벗어나서는 아시아주의를 정의할 수 없"으며, "아시아주의를 범주로 고정하려는 시도는 반드시 실패하게 마련이다."[164] 아시아주의는 또렷한 내용을 갖춘 것도 아니며 객관적으로 윤곽을 그려볼 수도 없는 일종의 경향성일 따름이다. 하지만 그가 아시아주의를 정의 내리기가 얼마나 어려운지를 밝혔다고 해서, 아시아

163 같은 글, 293쪽.
164 같은 글, 300쪽.

사상의 번역

주의를 규명하는 일마저 손에서 내려놓은 것은 아니었다.

> 이상으로 아시아주의가 얼마나 정의하기 어려운지를 장황하게 늘
> 어놓았지만, 아무리 정의 내리기 어렵다고 해도 아시아주의 말고
> 는 달리 부를 도리가 없는 어떤 심적 분위기 그리고 이를 토대로
> 구축된 사상이 일본의 근대사를 가로지르며 면면으로 드러나고
> 있다는 사실은 인정하지 않을 수 없다. **165**

「일본의 아시아주의」의 첫째 절 '아시아주의란 무엇인가'에서 아시
아주의를 정의 내리는 작업이 지난하다고 밝혀둔 까닭은, 지난하기
때문에 아시아주의를 자칭하는 주장들 가운데서 사상에 값하는 요
소를 골라내는 작업은 더욱 중요하다고 강조하기 위해서였던 것으
로 보인다. 그리고 다케우치가 상정한 그 요소란 "아시아주의 말고
는 달리 부를 도리가 없는 어떤 심적 분위기"다.

　'아시아주의란 무엇인가'에 이어지는 둘째 절은 '자칭 아시아주
의의 비사상성'인데, 여기서 "자칭 아시아주의"란 무엇보다 '대동아
공영권' 사상을 가리킨다. 만약 아시아주의가 실체를 지닌 사상이어
서 그것이 메이지 초기에 발생한 이후 역사적으로 이어져왔다고 가
정한다면, 그것은 쇼와기 대동아공영권 사상으로 귀착될 것이다. 그
렇게 아시아주의는 패전과 함께 소멸했다. 이게 확실히 일본의 아시
아주의를 다루는 일반적 도식이다.

165 같은 글, 301쪽.　　　그러나 다케우치는 대동아공영권 사상과 사상에

값하는 아시아주의를 구분해냈다. 대동아공영권 사상은 일체의 사상을 압살한 뒤에 성립된 거짓 사상이다. 쇼와기의 '동아' 사상은 전쟁의 확대와 함께 점차 이것저것 주워 담더니 결국 대동아공영권에 이르러서는 실질적인 내용을 잃고 말았다. 허울만 좋은 대동아공영권 사상은 개화하면서 다른 사상을 짓눌렀다. 먼저 자유주의를, 이윽고 우익마저 탄압했으며, 동방회도 동아연맹도 교토학파도 시련을 당했다. 따라서 대동아공영권 사상은 '자칭' 아시아주의지만 사상에 값하지 못하니 유산 목록에 오를 수 없다.

이제 이어지는 절에서 다케우치는 개별 단체나 사상가들의 아시아주의를 검토한다. 여기서 등장하는 인물은 오오이 겐타로, 사이고 다카모리, 오카쿠라 텐신, 다루이 도키치, 미야자키 도텐, 오오카와 슈메이 등이며 단체로는 주로 현양사, 천우협, 흑룡회 등이 거론된다. 그런데 이 대목에서는 다케우치가 그들이 지닌 아시아주의자의 면모라며 전거로 든 내용들이 흥미롭다. 보통이라면 아시아주의의 논조가 담긴 그들의 주장을 인용으로 끌어들이게 마련일 텐데, 다케우치는 주로 그 인물의 됨됨이나 행적을 보여주는 내용들을 골랐다. 사람됨이 어떠했는지, 어떤 환경에서 아시아를 사고하게 되었는지, 어떤 시행착오를 겪고 어떻게 좌절했는지 등등.

다케우치는 그렇듯 선명하게 드러난 주장보다는 동기와 행동, 그리고 결과의 복잡한 조합을 세심히 다뤘다. 한 개인이 품은 동기를 현실화하려는 시도는 현실의 힘에 의해 굴절된다. 시대와 환경의 제약으로 한 개인의 고투는 기대만큼의 성과를 내지 못하고 그 개인의 의지는 현실에서 뒷걸음질치게 되지만 그런 까닭에 역사의 무게를 지닐 수 있다. 개체는 부자유하나, 부자유하기 때문에 개체의 선택은 선택으로서의 진정한 의미를 지닌다. 다케우치는 바로 역사적 인물의 의도가 굴절된 자리를 과거의 아시아주의로 진입하는 창구로 삼았다. 그래서 그는 학문으로는 글러먹은 말일지언정 "심경으로서의 아시아주의"를 내놓는다. 일본 근대사 도처에서 발견되고 일본 근대사를 관류하고 있는 아시아주의란 바로 이러한 '심경'의 차원에서 건립되었다.

그리하여 그는 가령 동아협동체론, 동아신질서론, 대동아공영권론이라는 식으로 유형을 나눠 아시아주의를 검토하지 않았다. 다케우치는 연대와 침략이라는 이분법이 타당한지 의문을 제기했다. 그는 오히려 연대와 침략을 조합하는 유형이야말로 역사의 복잡함에 가깝다고 생각했다. 복잡한 역사적 상황 아래서 침략과 연대를 쉽게 가를 수 없다는 전제 아래 동기와 행동과 결과의 복잡한 조합을 파헤치고, 한 사상가가 지닌 심경과 논리 사이의 분열을 주목했다. 그러면서 정치적 단죄보다는 사상적 전통의 형성에 힘을 쏟았다.

7장   방법으로서의 아시아

은폐된 적대성

다케우치 요시미의 생애에서 지적 생산은 두 부분으로 구성된다. 한 가지는 일본을 향한 비판적 개입이었다. 다른 한 가지는 중국을 탐구하는 것이었다. 거듭 강조했듯이 두 가지는 분리된 작업이 아니었다. 다케우치는 일본의 오늘과 내일을 위해 중국의 어제와 오늘을 줄곧 주시했다.

전후에 일본은 부흥했다. 패전 뒤 10년이 지나자 전전의 경제 수준을 회복했다. 이윽고 '전후 부흥 신화'가 등장했다. 1956년 『경제백서』에서는 "이제 전후는 끝났다"며 '전후의 종언'이 선언되기도 했다. 사실상 일본의 부흥은 1949년 신중국이 성립하자 미국이 일본을 정치경제적으로 지원하고, 1950년 한국전쟁이 발발하자 군수 경기가 되살아난 결과였다. 그리고 일본은 고도성장하면서 한국, 타이완, 동남아시아 등을 원료시장 및 하청공장으로 거느리는 수직적 분업체제를 구축해갔다. 이는 대동아공영권에서 성립된 바 있는 지역 질서와 닮은 모습이었다.

그러나 대동아공영권이 초래한 역사적 적대성은 동서냉전으로 은폐되었다. 동아시아의 냉전은 과거 지역 질서에 대한 역사적 총괄을 유예한 채 성립되었다. 일본 제국에 의한 식민지배와 아시아·태평양 전쟁은 냉전체제가 성립하고 냉전의 분단선이 깔리자 아시아적 해결을 거치지 않은 채 역사 속에 봉인되었다. 한국과 일본은 적대성을 유지한 채 같은 진영에 편입되었으며, 일본과 중국은 중일전쟁을 해결하지 못한 채 다른 체제로 갈라섰다. 이런 조건에서 미소美蘇 대립에 따라 부과된 냉전의 적대성은 일본이 초래한 과거의 적대성을 은폐했다. 그런 의미에서 동아시아의 냉전체제란 일본이 아시아와 마주하지 않고도 자신의 과거로부터 멀어지는 장치로서 기능했다.

더욱이 경제적 부흥을 거치면서 일본인은 냉전을 살아갔다기보다 '전후'를 살아갔다. 냉전체제는 분할선 부근에서 격한 폭력을 초래했다. 반면 최전선에서 떨어져 있던 일본은 냉전의 이익을 배당받을 수 있었다. 그리하여 냉전체제 아래서 냉전체제를 구동하면서도 일본은 냉전 이전만이 아니라 냉전 자체도 노스탤지어로서 향유하게 되었다.

이러한 시대 분위기 속에서 다케우치 요시미는 전전의 역사로 드나들며 전후 부흥의 망상과 대결했다. 특히 그는 전후의 착각과 맞섰다. 그것은 중국(그리고 북한)과의 적대 관계가 냉전의 진영 논리로부터 기인한다는 착각이었다. 전후 일본인은 제국-식민지 관계에서 발생하고 누적된 적대성을 망각해가고 있었다.

다케우치는 전후의 착각을 들춰내고자 특유의 시간의식을 견지했다. 1937년부터 시작된 중일전쟁(혹은 1931년의 만주사변)이 여전히 지속되고 있다는 시간의식이었다. 아직 종전이 이뤄지지 않았다는 것이 그 논거였다. 물론 샌프란시스코 강화조약이 발효된 1952년에 일본 정부는 중화민국 정부와 일화평화조약을 체결해 전쟁을 일단락했다. 그런데 중일전쟁에서 일본군은 국민당군만이 아니라 중국공산당의 지휘를 받은 팔로군, 신사군과도 대결했다. 하지만 1949년 신중국이 성립한 이래 역사적 매듭을 짓는 일을 미뤄두고 있었던 것이다.

그 결과 일본과 중국 사이의 적대성은 이중화되었다. 전전에 발발한 중일전쟁이 끝나지 않았으며, 전후의 동서냉전 상황에서 중국은 일본의 반대 측에 자리 잡았다. 그리고 후자의 적대성이 전자의 적대성을 가리는 효과를 낳았다. 여기서 다케우치는 전후로도 이어지는 전전의 적대성을 파고들려고 한 것이다. 달리 말하자면 전전에도 적으로서 제대로 응시하지 않았고(그래서 중국의 항일전쟁으로 패전했다는 의식이 희미하다), 전후에는 '죽의 장막' 너머에 있어 제대로 직시할 수 없던 중국을 주목해 전후 일본의 착각을 추궁하려 했던 것이다.

여기서 한 가지 강연만을 살펴보고 가자. 다케우치 요시미는 안

사상의 번역

보투쟁 시기였던 1960년 4월 26일 '중국인 포로 강제연행 순난자 국민 대위령제'에서 강연했다. 그날의 강연 기록은 「순난자의 영령 앞에서」라는 제목으로 정리되었고 그해 8월 15일에 발행된 『일중 다시금 싸우지 않도록』에 수록되었다. 다케우치는 류렌런劉連仁 사건을 소개하며 강연을 시작했다. 류렌런은 중국의 농부로서 1944년 농사를 짓다가 갑자기 들이닥친 일본군에게 연행되어 홋카이도로 끌려갔다. 그리고 패전 직전인 1945년 7월 30일에 탈주해 줄곧 산속에서 숨어 지냈다. 일본인에게 들키지 않으려고 그렇게 14년을 숨어 지내다가 1958년에 사냥꾼에게 발견되었다. 그런데 류렌런은 불법 입국자 취급을 받았다. 다시 말해 전전 일본에 의해 강제로 끌려와 전후 일본에 의해 불법이라며 내몰린 것이다. 그렇다면 전후의 사법부가 전전의 행정기관이 벌인 일에 유죄를 선고한 것인가. 그러나 현실에서는 그 비틀림이 문제로서 부각되지 않았다. 그래서 류렌런 사건을 꺼내놓고 다케우치는 힘주어 말한다. "몇 년 전 전후는 끝났다는 말이 유행했습니다. 전후가 끝나기는커녕 전쟁 자체가 끝나지 않았습니다."[166]

　　다케우치가 강연에서 밝히지 않았던 한 가지 사실만을 보탠다면, 류렌런을 일본으로 강제 연행할 수 있었던 법적 근거인 '화인노무자 이입에 관한 건'은 바로 기시 노부스케가 상공대신이던 도조 내각 시기에 결의되었다. 안보투쟁 시기에 그는 오래된 적과 싸우고 있었던 것이다.

166　다케우치 요시미, 「순난자의 영령 앞에서」, 『다케우치 요시미 선집 1』, 366쪽.

지나와 중국

다소 의아하게도 다케우치는 전후에 중국을 방문한 적이 없다. 중국 전선에서 패전을 맞이하여 인양되기까지가 중국에서 보낸 마지막 시간이다. 물론 전후에 독보적인 중국 연구자가 된 그에게는 중국행에 관한 여러 제안과 초청이 있었지만 그는 "남의 돈으로 여행을 가지 않는다"는 확고한 방침을 세워둔 터였다. 그런데 자비로 여행을 떠나기에는 다케우치의 형편이 좋지 않았다. 그리고 무엇보다도 일본과 중국 사이의 국교정상화가 1972년까지 미뤄졌다는 사정을 감안해야 할 것이다. 결국 다케우치는 자기 발로 중국 땅을 밟아보지 못한 채 '죽의 장막' 너머의 중국을 응시했다. 그러나 다케우치에게는 자신이 볼 수 있는 중국이 있었다. 바로 '일본 속의 중국'이다.

메이지기에서 쇼와기에 이르기까지 일본에서 중국은 지나로 명명되고 표상되었다. 1912년 성립한 중화민국 역시 당시 일본인들은 '지나공화국'이라고 불렀다. 1930년 중화민국 외무부는 '지나'라는 명칭의 사용 중지를 요구했으며 일본 정부는 수용의 뜻을 밝혔다. 그러나 지나는 사라지지 않았다. 중국 침략의 발단이 된 1937년의 루거우차오 사건은 '지나사변'으로, 중국과의 전면전은 '일지사변'으로 불렸다. 제2차 세계대전이 끝난 뒤 중화민국은 일본 정부에 지나라는 표기의 사용 금지를 요구했다. 패전과 함께 지나는 폐기될 운명이었지만, 1946년 일본 외무성이 주요 국가기관과 각 신문사에 '지나 호칭을 피하는 건'이라는 공고문을 보내야 했을 만큼 지나는

사상의 번역

퍼져 있었다. 그러나 점차 사라져갔다.

　이러한 시대 분위기 속에서 한 가지 사건이 있었다. 사소하다면 사소할 수도 있었으나 다케우치는 사소한 사건을 사상사적 사건으로 끌어올렸다. 다케우치가 『루쉰』 원고를 일본평론사에 건네고 중국 전선으로 출정한 일은 앞서 밝혀둔 바다. 그는 유서를 쓰는 심정으로 『루쉰』을 작성했다. 하지만 다행히도 다케우치는 생환했고 『루쉰』은 전후에 루쉰 연구자에게 필독서가 되었다. 사건은 여기서 벌어졌다. 1946년 『루쉰』 개정판을 찍으면서 출판사가 다케우치의 의견을 묻지 않은 채 '지나'를 '중국'으로 고친 것이다. 정부가 지나라는 명칭을 금지한 당시 정황에서는 별스럽지 않은 일이었을지 모르나 다케우치는 거세게 항의했다.

　다케우치는 왜 지나를 놓지 않으려 했을까. 다케우치가 학문 세계에 발을 들여놓자마자 지나학과 다른 당파성을 구축하고자 '중국문학'을 자기활동의 이름으로 취하고, 거꾸로 「지나와 중국」에서는 '중국'보다 '지나'라는 말에서 느끼는 애착을 토로했던 사실은 이미 확인했다. 두 가지 사례에서 비록 선택은 반대였지만 태도는 일관되었다. "나는 말의 문제를 간단히 여기고 싶지 않다."**167** 다케우치에게 '중국이냐 지나냐'는 단지 명명의 문제가 아니라 중국에 대한 인식과 태도의 문제였던 것이다.

　다케우치는 「지나와 중국」에서 지나로부터 중국으로 명칭을 안이하게 옮겨가려는 지식계의 세태를 거슬렀다. 당분간 지나라는 부정적 부하를 띠는 말을

167 다케우치 요시미, 「지나와 중국」, 『다케우치 요시미 선집 1』, 56쪽.

통해 중국을 이해하고 지나를 충분히 소화해낼 때까지 그 말을 사용하겠다는 태도를 표명했다. 지나는 중국의 별칭이지만 중국을 지나로 부른 것은 일본이기 때문이었다. 즉 지나는 현실 중국을 지시하기에 앞서 '일본 속의 중국'이었던 것이다. 따라서 그는 '중국'이라는 말로 갈아타는 대신 지나를 고수하며 일본인이 중국을 대하는 태도를 직시했다. 지나가 부정적 부하를 띠고 있다면 지나라는 명칭을 버리지 않고 자기 스스로 지나에 배인 부정적 어감을 조금씩 씻어내겠다고 마음먹었다. 「지나와 중국」에서 그는 다짐했다. "언젠가 지나인 앞에서 망설이지 않고 상대의 비위도 신경 쓰지 않고 당당히 지나라고 말할 자신감을 기르고 싶다."**168**

그러나 전후가 되자 '지나'를 대신해 '중국'이라는 명칭이 공식화되었다. 자기 뜻과는 무관하게 『루쉰』에서 지나도 중국으로 수정되었다. 거기에 다케우치는 거세게 항의했다. 『루쉰』에 적힌 지나는 일본인이 중국을 지나로 대하는 시기가 있었다는 증거였다. 지나는 바로 '일본 속의 중국'이었으며, 일본인이 무심결에 중국을 범하는 '일본'의 기호였다. 따라서 지나를 '일본 속의 중국'이라고 말할 수 있다면 거꾸로 지나에는 어떤 일본이 담겨 있는 셈이었다. 그런 의미에서 『루쉰』에 적힌 '지나'는 중국과 일본 사이를 오가는 아이러니며, 그가 명칭 변경에 항의한 것은 그로써 아이러니의 효과가 감쇄되었기 때문이다. '내재하는 중국'이었던 '지나'가 사라지고 중국이 일본 바깥에서 실체화된 것이다. 1946년, 표면적으로 중일전쟁이 끝난 시점에 다케우치는 중국 이면에 **168** 같은 글, 55쪽

사상의 번역

지나가 있음을, 적대 관계가 해소되지 않은 중국과 그런 중국을 여전히 멸시하는 일본이 있음을 상기시키고자 했다.

그러나 냉전체제가 공고해지고 중국과의 관계가 단절되자 다케우치가 붙들고자 했던 일본과 중국(혹은 지나와 중국) 사이의 뒤엉킴 자체가 망각되어갔다. 그리고 1949년 신중국이 성립되자 다케우치는 새로운 멸칭을 상대해야 했다. 냉전체제에서 자본주의 진영에 편입된 일본은 1972년 국교정상화 이전까지 중국을 '중공'이라고 불렀다. 중공은 중화인민공화국의 약어라기보다 국민당과 대비되는 중국공산당의 약어였다. 즉 중공이라는 말에는 중국을 정상국가로 인정하지 않으려는 멸시감이 깔려 있었다. 그리하여 다케우치는 이번에는 「지나에서 중공으로」라는 글을 써야 했다. 그가 붙들고 있던 지나의 문제는 해결을 보지 못한 채 중공의 문제로 전이된 것이다.

방법으로서의 중국

나는 겉으로 드러나는 현대지나의 혼란과 모순은 고전지나를 규범으로 삼아 바깥에서 부당하게 비판할 것이 아니라 외관으로 드러난 모순 자체에서 출발하여 통일을 향한 근대지나의 국민적 염원이 열렬하다는 표현으로 받아들일 때 비로소 이해되리라고 생각한다. 모순은 대상의 모순이 아니라 인식하는 측의 모순이다.[169]

169 다케우치 요시미, 「현대 지나문학 정신에 대하여」, 『다케우치 요시미 선집 2』, 94쪽.

다케우치가 전전에 내놓은 발언으로서 이미 인용했던 문장이다. 이어서 전후의 발언도 인용해보자. "결국 일본 지식인들은 유물론과 관념론, 공산주의와 자유주의라는 식으로만 사고하니 그 자기분열을 상대방에게 투사하여 중국에서 분열의 계기만을 보려는 것이다. 중국인의 실제 정치의식은 그런 도식에 따르지 않는다."**170**

두 인용구에서 중점은 일본 지식인이 중국을 정확히 이해하지 못한다는 게 아니라 중국에 대한 인식 속에는 일본 지식인의 자기인식이 반영되어 있음을 직시해야 한다는 것이었다. 명칭을 둘러싼 문제에서도 다케우치는 이 지점을 놓치지 않고 있었다. 그러나 두 인용구에서 '지나'가 '중국'으로 바뀌는 동안에도, 즉 전전에서 전후로 접어들었는데도 일본 지식인은 중국을 여전히 편향된 시각으로 대하고 있었다. 그리하여 다케우치는 일본 지식인이 눈길을 주지 않는 중국의 현실에 밀착해 중국에 대한 편향된 인식을 바로잡고자 노력했다.

하지만 중국 연구자로서 다케우치의 진정한 역량은 일본에 대한 비평가의 면모로서 드러난다. 그는 중국의 현실이 지닐 수 있는 충격을 최대한으로 어림잡아 일본으로 들이려 했다. 그는 중국을 향해 지식의 올바름이 아닌 사상의 강도를 추구했던 것이다. 거기에는 늘 정치적 오판의 위험이 따랐다. 중국을 미화했다는 혐의도 따랐다. 그러나 다케우치에게 중국은 목적이 아니라 매개였다. 그 매개가 때로 물신화된 것처럼 보였더라도 어디까지나 매개였다. 근대 형성의, 주체 형성의 매개였다. 그리고 다케우치 자신의 용어로는 '방법'이었다.

170 다케우치 요시미, 「중국문학의 정치성」, 『다케우치 요시미 선집 2』, 203쪽.

사상의 번역

이제 다케우치의 글 가운데 마지막으로 「방법으로서의 아시아」를 검토할 때가 되었다. '방법으로서의 아시아(중국)'라는 착상은 '아시아(중국)'와 만날 수 없는 냉전 조건으로부터 비롯되었다. 그가 '방법으로서의 아시아(중국)'를 제기했던 때 중국은 냉전 진영의 반대편에서 근대화 모델로부터 벗어나 자신의 근대(동양적 근대)를 개척하고 있었다. 적어도 다케우치에게는 그렇게 비쳤다. 그에게 중국은 '아시아라는 폭'에서 일본이 주체성을 형성하기 위한 방법이었던 것이다.

「방법으로서의 아시아」의 도입부에서 다케우치는 패전으로 인해 중국 연구의 방향을 틀었다고 밝힌다. 패전 뒤 다케우치는 일본의 근대화가 어디서부터 뒤틀렸는지를 파고들겠다고 마음먹었다. 그 작업을 위해 일본의 근대를 중국의 근대와 비교했다. "저는 전후에 한 가지 가설을 내놓았습니다. 후진국에서 근대화의 과정에는 둘 이상의 형태가 있지는 않을까. (……) 일본의 근대화는 하나의 형태가 될 수는 있어도 동양의 여러 나라 혹은 후진국이 근대화하는 유일하고도 절대적인 길은 아니며, 그밖에도 다양한 가능성과 길이 있지는 않을까 생각했던 것입니다."[171]

다케우치는 일본의 근대를 해명하려면 '서양 대 일본'이라는 기존의 이항대립이 아니라 중국을 참조하여 새로운 분석틀을 짜야겠다고 생각했다. "저는 근대화의 두 가지 형태를 생각할 때 이제껏 그래왔듯 일본의 근대화를 서구 선진국하고만 비교할 일이 아니구나 생각했습니다. 학자만이 아니라 보통의 국민들도 그랬습니다. 정치가도 경제계 인사도 모

171 다케우치 요시미, 「방법으로서의 아시아」, 『다케우치 요시미 선집 2』, 40쪽.

두 그런 식이어서, 정치 제도는 영국이 어떻고 예술은 프랑스가 어떻고 하며 곧잘 비교하곤 했지요. 그런 단순한 비교로는 안 됩니다. 자기 위치를 확실히 파악하려면 충분치 않습니다. 적어도 중국이나 인도처럼 일본과 다른 길을 간 유형을 끌어다가 세 개의 좌표축을 세워야겠구나, 그 당시부터 생각했습니다."[172]

'서양 대 일본'이라는 이항대립은 오늘날 지역학의 틀에서 익숙하게 확인할 수 있다. 그 경우라면 서양을 중심으로 방사형의 좌표 평면이 만들어져 기타 지역들은 서양을 준거 삼아 자기를 인식한다. 즉 서양과 일본의 비교는 서양의 어느 구체적인 장소와 일본을 비교한다기보다, 서양이라는 가공의 좌표에 비추어 일본의 위치를 확인하는 식이 되어버린다. 이때 서양의 존재는 좌표 평면 자체이자 동시에 좌표 평면의 중심이 되어, 일본은 그 중심으로부터 얼마나 멀고 가까운지가 분석의 핵심을 이룬다.

그러나 다케우치는 말한다. "단순한 이항대립이 아니라 좀 더 복잡한 틀을 세워야 하지 않겠느냐고 당시 생각했습니다."[173] 그는 이항대립이 아니라 복잡한 틀을 세우려고 했다. 방법이란 바로 참조 틀이라는 의미다. 타자를 매개하여 새로운 자기 인식을 도모하는 것이다. 다케우치는 일본의 주체성을 부단히 공박할 방법으로서 소위 문명국이나 서구의 승전국이 아닌 중국을 끌어왔다. 즉 보편과 특수를 서양과 비서양에 배분하는 것이 아니라 보편/특수의 관계를 근저에서 묻고자, 서양과의 관계에서라면 또 하나의 특수에 놓일 중국을 참조틀로 도입한 것이

사상의 번역

다. 중국을 끌어들인다면 일본의 근대는 달리 표상될 수 있으며, 일종의 전위轉位 가능성을 경험하게 된다.

일본은 누구에게 추궁받아야 자기 인식과 타자 인식을 쇄신할 수 있는가. 그 실감의 상대가 중국이었다. 일본은 패전했다. 그러나 중국에 패배했다는 사실은 애써 외면했으며, 중국을 향한 멸시감은 가시지 않았다. 그리고 전전에도 또 전후에도 중국은 인식 저편으로 밀려나 있었다. 그것은 실은 일본이 자신을 인식 저편으로 밀어낸 결과였던 것이다. 그렇기에 중국을 향해 보낸 다케우치의 시선은 일본을 되묻는 방법이 되어 돌아왔다.

다케우치를 다케우치적으로 계승한다

쑨거는 '방법으로서의 중국'의 의미를 이렇게 구체화한다. 다케우치는 중국을 방법으로 삼아 인식론의 위상에서 가치전도를 수행했다. 즉 진보, 민주, 자유 등 자명해 보이던 가치들은 중국을 경유하자 그것들에 구체적인 조건절이 붙어 더 이상 현실 상황을 판가름하는 전제가 아니라 검토받아 마땅한 대상이 되었다. 그리고 다케우치 요시미의 문제의식을 이어받아 쑨거는 자신의 독특한 아시아관을 개척해갔다.

『다케우치 요시미라는 물음』 이외에 한국에서 출간된 쑨거의 책으로 『아시아라는 사유공간』이 있다. 이제 쑨거가 다케우치의 '방법으로서의 중국'을 어떻게 '아시아라는 사유공간'으로 옮겨갔는지를 살펴볼 차례다. 그 내용은 『다케우치 요시미라는 물음』을 초과하는 것이다. 그러나 '아시아라는 사유공간'으로 나가기 전에 『다케우치 요시미라는 물음』에 조금 더 머물러야 할 사정이 있다. 이것은 바로 사상의 계승에 관한 문제다.

「아시아라는 사유공간」은 쑨거가 써낸 글의 제목이기도 하다. 거기서 쑨거는 『다케우치 요시미라는 물음』을 절반가량 집필한 다음 후반 작업을 중단했다고 기록하고 있다. 『다케우치 요시미라는 물음』을 써내려가는 동안 다케우치 요시미의 논리에 너무 깊이 빠져들어 자신의 목소리가 아닌 다케우치의 어조로 말하게 될까 봐 두려웠다는 것이다. 그래서 다케우치에 대한 이상화를 경계하고 그의 그늘에서 벗어나고자 작업을 중단하고 일본의 아시아주의를 연구하기 시작했다고 밝힌다.

자신의 사유를 형성하는 데 지지대가 된 사상가와 거리를 두는 일은 결코 그 사상가를 외면하거나 단순히 비판하는 것을 의미하지 않는다. 무엇보다도 그 사상가에게서 자신의 고뇌를 표현할 길을 얻었기에 거리를 유지하려면 스스로 자신의 길을 개척해야 하는 고통이 따른다. 그런데 이 대목에서 쑨거는 흥미로운 명제를 꺼낸다. "진실된 영향이란 흉내가 아니라 오히려 '무엇을 버림'으로써 계승되거나 혹은 거절되는 것이다."[174]

이 명제 역시 다케우치가 『루쉰』에서 적은 내용을 의식적으로 차용한 것이다. 『루쉰』의 일구다.

174 같은 글, 112쪽.

사상의 번역

저우쭤런이 말한 것처럼 루쉰은 량치차오의 영향을 받았을지도 모르지만, 받았다고 생각하기보다 받지 않았다고 간주해야 올바로 고찰할 수 있지 않을까. 적어도 그의 본질 면에서 '영향'을 받지 않은 것이 아닐까. 또한 받았다고 하더라도 그 받았던 방식은 그 가운데서 자신의 본질적인 것을 뽑아내기 위해 그 속으로 몸을 던지는 행위로써, '쩡짜'적으로 받아들이는 방식을 택했던 것이 아닐까.[175]

여기서도 그 말을 만난다. 쩡짜다. 사상을 계승할 때도 쩡짜적 방식이 있다. 루쉰은 량치차오粱啓超로부터 영향을 받았다. 그러나 둘 사이에는 화해할 수 없는 대립이 있었다. 그 대립은 영향을 받는 루쉰 측에서 의식되었다. 그 대립이란 루쉰이 자신의 내적 모순을 량치차오에게 투사했기에 발생한 것이다. 그래서 루쉰은 량치차오에게서 실은 자신의 모순을 보았다. "루쉰이 량치차오에게서 영향을 받고 이후 그 영향에서 벗어났다고 하는 것은 그가 량치차오에게서 자신의 그림자를 없애버리고 자신을 깨끗이 씻었다는 의미로 해석할 수 있지 않을까."[176] 쑨거가 진실된 영향은 흉내가 아니라 무언가를 버리는 것이라고 말했을 때 그 무언가는 '자신의 그림자'였던 것이다. 상대와 대결하여 자신의 그림자를 버림으로써 자신을 씻는 것이다.

쑨거는 다케우치적 방식으로 다케우치로부터 영향을 받고자 했다. 따라서 다케우치에게 머물러 있을

175 다케우치 요시미, 「사상의 형성」, 『루쉰』, 87쪽.
176 같은 글, 88쪽.

수 없었다. 또한 자신에게도 머물러 있을 수 없었다. 이로써 "자기 아님을 거절하는 동시에 자기임도 거부한다." 이제 앞서 꺼내둔 이야기를 정리할 때다. 쑨거는 『다케우치 요시미라는 물음』의 서두에서 역사적 인물을 다루는 네 가지 패턴을 언급하고는 그 가운데 첫 번째 것이 상대를 동경하여 상대의 시각으로 사고하고 상대의 가치관에 기대어 판단하고 결국에는 상대의 말투마저 따라하는 경우라고 정리해둔 바 있다. 그것은 동화同化이며 동화에서는 쩡짜를 위한 거리가 유지되지 않는다. 쑨거는 겉멋 든 모방이 아니라 사상의 계승을 위해 다케우치로부터 무언가를 버리려 했다. 다케우치의 사상을 다케우치적 방식으로 계승하고자 다케우치로부터 벗어났던 것이다.

문명적 되감기

그런데 왜 '아시아주의'인가. 쑨거는 다케우치로부터 떠나서 왜 '아시아주의'로 향했는가. 아시아주의는 다케우치도 움켜쥐고 있었던 주제가 아니던가.

다케우치는 전쟁으로 얼룩지고 군국주의로 물든 전시기 사상을 다루는 과정에서 일본의 아시아주의 연구에 나섰다. 이미 확인했듯이 다케우치는 「일본의 아시아주의」에서 아시아주의를 대외 침략 이데올로기라며 단죄하는 게 아니라 거기서 맹아적으로나마 존재했던 아시아를 향한 연대의식에 주목했다. 아울러 일본의 아시아주의는 제국주의로 합류되었지만 다케우치가 보기에 거기에는 서양에 맞서 일본을 세계사에서 유의미한 존재로 만들겠다는 의지도 깔려 있었다. 정치적 올바름을 잣대로 내친다면 소중한 사상사적 유산마저 잃고 만다. 따라서 다케우치는 아시아주의라고 명명할 수 있는 여러 시도를 뭉뚱그리지 않고 갖가지 분기 속의 '종이 한 장 차이'에 주목해 "심경으로서의 아시아주의"에 값하는 유산 목록을 추리고 그것이 어떻게 연대에서 침략으로 미끄러졌는지를 살피려고 애썼다. 그리하여 비록 당대에 아시아주의를 체계적으로 정리해내지 못했을지언정 후대에 묵중한 물음을 남길 수 있었다.

쑨거는 다케우치의 물음을 받아안았다. 동시에 다케우치의 제한된 시각도 문제 삼았다. 쑨거는 스스로 아시아주의를 탐구하여 「아시아는 무엇을 의미하는가」를 작성했는데, 다케우치 요시미를 상대화하는 것이 논문의 집필 의도였다고 밝히고 있다.[177] 「아시아는 무엇을 의미하는가」에서 쑨거는 다케우치 요시미의 아시아주의 연구가 지닌 한계를 지적했는데 정리하자면 첫째, 다케우치는 서양의 패권에 맞서고자 아시아를 대안 문명의 지평으로 끌어올렸는데 그 바람에 아시아를 이상화했다. 그 결과 서양은 추상화되고 말았다. 무엇보다 다케우치의 아시아관은 원리적 색채가 짙어졌지만 현실에 대한 대응력이 약화되었다. 둘째, 다케우치는 이념 내지 심정의 각도에서 아시아주의에 접근했는데 그런 방식으로는 경제·문화·정치·사회의 총체적 존재인 아시아와 대면하기 어렵다.[178]

177 쑨거, 「아시아라는 사유공간」, 「아시아라는 사유공간」, 56쪽.
178 쑨거, 「아시아는 무엇을 의미하는가」, 「아시아라는 사유공간」, 90쪽.

그리하여 다케우치로부터 무언가를 버리려 했던 쑨거는 동양/서양, 본토/외래라는 서사 구도에서 비어져나오는 사고 영역을 중시하고 거기서 자신의 아시아관을 개척해갔다. 진정한 동아시아의 근대성은 그런 이분법 바깥에서 힘겹게 성장해왔다. 이 공간은 부득불 양자의 대립과 항쟁 구도에 의존하지만 동시에 거기로 환원되지 않는다. 그런데 다케우치는 이 공간에서 발생하는 까다로운 문제들을 충분히 탐구하지 않았다. 아시아주의는 서양에 맞선 동양의 일원화라는 지향을 갖고 있지만 동시에 동양 민족 내부의 복잡한 갈등과 길항관계의 산물이기도 하다. 아시아주의가 대립물로 상정한 서양 자체가 실재하는 대상이 아니라 동아시아 각국의 역학관계 속에서 출현한 '서양의 상'이었다. 따라서 서양중심주의 극복은 내부와 외부가 복잡하게 뒤얽히는 동아시아의 상황에 좀 더 깊숙이 발을 들여놓을 때 실질적 의미를 가질 수 있다. 그러려면 이념의 위상에서 내려오고 심경의 차원에서는 올라간 곳에서 연구를 진척시켜야 한다.

한편 쑨거는 '일본의 아시아주의'에 관한 다케우치의 연구에서 한계를 짚어냈지만 그의 '방법으로서의 아시아'라는 발상은 받아들였다. 「방법으로서의 아시아」에서 나오는 유명한 구절인데 앞서 그냥 지나갔다. 이제 인용해본다.

> 서구의 우수한 문화 가치를 보다 큰 규모에서 실현하려면 서양을 다시 한번 동양으로 감싸 안아 거꾸로 서양을 이쪽에서 변혁시킨다는, 이 문화적 되감기 혹은 가치상의 되감기를 통해 보편성을 만

들어내야 합니다. 서양이 낳은 보편 가치를 보다 고양하기 위해 동양의 힘으로 서양을 변혁한다, 이것이 동과 서가 직면한 오늘날의 문제입니다.**179**

　다케우치 요시미는 피부색이나 생김새는 다를지언정 인간은 본질적으로 동등하다고 강조하고, 그런 평등의 가치는 서양적 근대의 소산임을 인정한다. 그러나 서양은 그러한 문화 가치를 보편화시키지 못했으며, 오히려 서양적 가치의 보편화가 비서양에 대한 식민지 침략의 논리로 전도되었음을 지적한다. 그리고 그러한 착취를 절감하는 곳, 서양적 근대가 지나간 자리에 남은 상흔들을 마주하는 곳이 동양이니만큼 동양은 "문화적인 되감기 혹은 가치상의 되감기"를 통해 그 문화 가치를 보편화해야 한다고 주장한다("문명의 부정을 통한 문명의 재건이 아시아의 원리며 이 원리를 파악하는 것이 아시아다"라는 「일본과 아시아」의 일구도 상기하자). 즉 다케우치는 동양의 역사에 서양산 가치판단을 그대로 적용할 수 없다는 사실에 근거하여 서양까지도 동양의 역사 속에서 '역사화'하려고 했다.

　그것이 '후퇴'하는 동양에서 가능한 저항의 방식이자 문명의 길일 것이다. 뒤처진 자는 앞서간 자가 자명시하는 것들을 의심할 수 있는 사상의 계기를 쥘 수 있다. 서양에서는 근대가 오랜 시간 축적되어 (혹은 그렇다고 여겨져) 그 성격이 은폐되어 있지만, 서양의 외부에서는 몹시 압축적으로 더구나 폭력을 동반하여 진행된 까닭에 근대의 실상이 노출된다. 그 조건

179　다케우치 요시미, 「방법으로서의 아시아」, 『다케우치 요시미 선집 2』, 64쪽.

에서 지체를 만회하고자 서양을 분주하게 뒤좇을 수도 있지만, 뒤처졌다는 한계에서만 가능한 근대 비판의 계기를 움켜쥘 수도 있다.

다케우치가 「근대란 무엇인가」에서 지적했듯이 노예근성에 사로잡힌 동양은 서양 근대의 운동에 직면하면, 그것을 정태화하고 실체로 여긴다. 서양의 전진이 곧 동양의 후퇴라는 상호매개의 관계는 망각되어 동양 측에는 서양을 향한 동경만이 남는다. 그러나 다케우치는 서양과 동양의 상호연관성을 자각하되 동양이 서양에 동화될 수 없음에 근거해 동양의 역사 속에서 서양을 역사화하고자 했다. 이 되감기가 문명적 수준에서의 쩡짜일 것이다. 거기서 필요한 것이 '방법으로서의 아시아'다.

아시아라는 사유공간

일본이 근대화 과정에서 아시아를 방법이 아닌 실체로 삼았을 때 그 정치적 귀결은 집단 방위권을 설정하고 서양에 맞선다는 명목으로 주변 지역을 식민화하고 전쟁에 동원하는 것이었다. 서양이라는 보편의 거울에 자신을 특수로 비추는 한 일본이 가질 수 있는 욕망의 최대치는 주인-노예의 관계에서 주인의 위치로 자리를 옮겨가는 것이었다. 그러나 다케우치는 「근대란 무엇인가」에서 말했다. "노예는 자신이 노예라는 자각을 거부하는 자다. 그는 자신이 노예가 아니라고 생각할 때 진정으로 노예다. 노예는 자신이 노예의 주인이 되었을 때 완전한 노예근성을 발휘한다."[180] 그러한 노예근성이 발휘되는 패권의 장이 아시아였던 것이다. 그 역사를 잊지 않고 전후에 다케우치는 아시아(중국)를 방법으로 도입했다. 즉 '방법으로서의 아시아(중국)'는 '서양 대 일본'이라는 구도에 주박당한 세계 인식을 뒤흔들고, 서양을 척도 삼아 경주해온 근대화의 노정을 되묻고, 거기에 새겨진 식민성과 폭력성을 자각하도록 이끌었다.

쑨거도 다케우치 요시미처럼 방법으로서의 아시아를 발굴하고자 했다. 그러나 쑨거는 다케우치보다 한 걸음 더 나아가야 했다. 다케우치의 아시아관이 지닌 한계를 확인했기 때문이다. 진정 다케우치를 계승하려면 다케우치에게 머물러 있을 수 없었다. "다케우치가 던진 그 물음을 받아들인 우리가 한 걸음 더 내디딘 곳에서 맞닥뜨리는 과제는 무엇인가. 그것은 현실에서 '아시아'를 한 나라가 자기를 개조하는 '방법'으로 삼을 뿐 아니라, 자타 관계의 새로운 타개책으로, 자국의 책임을 지면서도 그 일국 단위의 사고방식을 무너뜨리는 역설적 입장으로 만들어내는 일이다."[181]

쑨거에게 아시아는 서양 문명의 패권에 맞서기 위한 장일 뿐 아니라 역내 국가들 사이의 뒤얽힌 역사 속에서 복잡한 감정기억의 문제를 다루고, 그 역사(동시대사를 포함해)로 진입하기 위한 지식의 감도를 되묻고, 쉽사리 성사될 수 없는 문화 간 교류를 시도하는 장이었다.

아시아라는 지평에서는 정합적 지식으로는 파악하기 어려운 문제들이 어지러이 뒤얽혀 있다. 해결되지 않은 역사 문제와 그로써 축적되어온 적대성, 복잡

180 다케우치 요시미, 「근대란 무엇인가」, 『다케우치 요시미 선집 2』, 250쪽.
181 22쪽.

한 분단(양안, 남북한, 오키나와 일본 본도), 서구의 패권에 맞선 대결 의식과 서구 추종적 근대화, 거기에 얽힌 내부의 식민화와 전쟁, 한 세기에 걸친 탈중국화와 미국의 내재화 그리고 중국의 귀환 등이 오늘날 아시아의 복잡한 맥동을 이루고 있다. 정치한 이론이나 정치적 올바름으로는 다룰 수 없는 복잡한 균열과 감각의 차이들이 '아시아라는 사유공간'에서 눈에 보이지 않는 뼈대를 이루고 있다.

그리하여 갈등과 대립과 경쟁 속에 있지만 그렇기에 오히려 하나를 이루는 아시아라는 범주는 미래를 향한 공동의 청사진으로는 그 역설적 진실이 보이지 않으며, 따라서 쑨거는 그 긴장관계를 연대의 출발점으로 삼자고 제안한다. 그녀는 하나의 아시아를 향한 공동의 기획이 해소되지 않은 역사 문제와 얼룩진 민족감정으로 쉽게 걸음을 떼지 못하고 있다면, 그런 균열과 틈을 직시하는 데서 출발하자고 제안한다. 바로 상황의 복잡함을 복잡함으로서 충분히 드러내고 직시하는 장소가 그녀에게는 아시아라는 사유공간인 것이다.

쑨거는 그곳으로 발을 내딛기 위해 한 가지 당부를 한다.

> 고독의 정도가 절대로 남보다 더하다거나 덜하다는 식으로 비교되지 않을 때 비로소 연대가 성립할 수 있으며, 강렬한 부정의 의식으로 인류의 고뇌와 대화하고 더 나은 세계의 가능성을 탐색할 때 일체화는 비로소 진실할 수 있다. 고독을 회피하기 위한 참여는 본질적으로 진실한 연대에서 벗어나는 샛길에 지나지 않는다.[182]

182 쑨거, 「아시아라는 사유공간」, 『아시아라는 사유공간』, 38쪽.

맺는 글　동아시아의 사상은
　　　　 어떻게 가능한가

나는 『다케우치 요시미라는 물음』을 한국어로 옮기면서 "동아시아의 사상은 어떻게 가능한가"라는 부제를 달았다. 그것은 번역을 마치며 스스로에게 남겨둔 물음이기도 했다. 이제 5년이 지나 『다케우치 요시미라는 물음』에 관한 책을 내놓으면서 다시금 묻는다. 동아시아의 사상은 어떻게 가능한가.

　사상이 출현한다. 기성의 정신세계가 균열된 자리에서 사상이 출현한다. 사상은 그 균열을 자신의 내적 모순으로 전환시켜 성장을 도모한다. 그리고 자신의 현실과 마찰하며 형체를 갖춰간다.

　자신이 처한 현실은 복잡하다. 그러나 사상을 지향하는 자라면, 현실의 복잡함을 정돈하기에 앞서 복잡의 복잡을 사고해야 한다. 바

같의 빛이 비추지 못하는 자기 현실의 어둠을 구석구석 더듬으며 길을 내야 한다. 현실은 어수선하고 동요하고 때 묻어 있다. 사상은 현실의 곤란하고 오염된 문제를 회피하지 않고 격동하는 현실의 한복판으로 들어가야 한다. 현실 속으로 진입하고자 지식의 감도를 되묻고, 현실 속에서 복잡한 성분을 포착해 사상 과제로 길어 올리고, 그 과제의 무게가 타인에게 공유될 수 있도록 적확한 리얼리티를 주입해 표현을 일궈내야 한다. 그렇게 현실과 함께하려드니 사상은 오류를 범할 테지만, 오류를 무릅쓴 사상은 자신이 처한 현실의 모순과 겹쳐지니 그만큼 진실할 것이다. 그리고 그런 사상이라면 현실의 진폭이 크면 클수록 단련되어 깊이를 더해갈 것이다.

그러나 사상은 언젠가 쇠퇴한다. 사상가 안의 내적 모순이 시드는 때가 다가온다. 내적 모순이 시들면 안정이 도래하고, 지속의 나날 속에서 사상은 굳어간다. 결국 사상은 소진해갈 운명이다.

다만 소멸의 시간을 늦출 수는 있다. 그러려면 내적 모순을 간직하고 버텨야 한다. 내적 모순을 잃지 않으려면 다시 외부 현실에 노출되고 부딪치고 깎여나가며 상대화되는 쓰라림을 겪어야 한다. 자신의 현실에 밀착하고 현실에서 상대화의 시련을 겪는 가운데 응고되지 않고 자기갱신을 기도하는 것이다. 그 과정에서 존재와 사유 사이의 거리를 직시하며 부단히 스스로를 검증해야 한다. 그렇듯 외적 마찰과 내적 긴장에 의해 연마된 정신의 개성만이 사상이라는 이름에 값하며 긴 생명을 기약할 수 있을 것이다.

그런데 어떤 사상은 후대인과의 만남을 통해 생명을 이어가기도 한다. 하나의 사상은 구체적 상황을 향해 던져져 시간의 흐름에 노출된다. 언제까지고 올바를 수 있는 사상이란 존재하지 않는다. 하지만 시간이 지난다고 사상도 그저 바래버리는 것은 아니다. 과거의 사상은 훗날에 조성된 누군가의 절실함에 의탁해 다시 모습을 이루기도 한다. 그 사상에 담긴 고민의 농도가 후대인에게 공감을 불러일으켜 고뇌의 연대를 낳는 것이다. 하지만 과거 인간의 고뇌를 후대인이 되살려내려면 어떤 전환이 필요하다. 쑨거는 그 전환을 의식하면서 다케우치의 사상에 다시 시대의 숨결을 불어넣고자 했다. 그 시도가 『다케우치 요시미라는 물음』으로 모습을 이뤘다.

원문 속에서 이미 번역이 시작된다. 이 문장으로 나는 이 책을 시작했다. 그리고 나는 『다케우치 요시미라는 물음』을 '사상의 번역서'라고 규정했다. 쑨거는 사상의 번역자, 즉 계승자의 역할을 자임했다. 쑨거는 고집스럽다고 할 만큼 다케우치 요시미를 부여잡아 만나고 헤어지기를 거듭했으며, 그 과정 속에서 자신의 지식 감각을 담금질했다.

다케우치 요시미는 쑨거에게 바깥의 해석 대상으로 머물지 않고 자신의 고뇌와 마주하는 매개로 작용했다. 쑨거는 다케우치가 남긴 문자를 읽었을 뿐 아니라 그 문자들을 통해 시대 상황에서 다케우치가 끌어안고 있던 내적 모순을 헤아리려고 애썼다. 그리고 문자로 남겨진 자료에 다시 생의 호흡을 주입하여, 생은 육을 떠났지만 다케우치를 사상적으로 되살리려고 노력했다. 그런 재생의 노력이 바로 '사상의 번역'이다.

동시에 사상의 번역이란 힘을 다해 상대에게 다가가려고 애쓰지만 동시에 상대와 동화될 수 없다는 자각을 품고, 상대에게 동일시하기보다 상대와 결별해 자신의 환경 속에서 스스로 길을 개척하는 노정이다. 루쉰과의 만남을 기도한 다케우치 요시미는 이 버거운 과정을 일러 쩡짜라고 표현했다.

그리하여 다케우치의 사상은 쑨거에 의해 쩡짜적 방식으로 계승되었다. 다케우치가 루쉰을 사상적 거점으로 삼아 문자로 남겨진 루쉰의 글에 다시 생의 호흡을 주입하고 루쉰의 중국을 끌어안으며 자신의 고뇌를 형상화했다고 한다면, 쑨거는 다케우치의 내재적 모순으로 파고들어 그를 되살리려고 노력하며 일본의 현실로 진입했다고 말할 수 있다.

나는 과거 인물의 고뇌를 자신의 상황에서 되살리고, 국적은 다르지만 거기서 공유할 수 있는 사상의 자원을 발굴해가는 그들의 고투를 보면서 어떤 번역 과정을 거쳐 '동아시아의 사상이 살아가는 법'이 있다는 걸 깨달았다. 국적과 세대의 차이를 가로질러 루쉰에게서 다케우치로, 다케우치에게서 다시 쑨거로 이어지는 사상의 궤적은 내게 동아시아 사상이 살아가는 한 가지 모습이라고 여겨졌다.

그런 만남, 고민의 연대, 사상의 번역을 거치며, 패배하고 뒤처진 중국의 현실에서 루쉰이 형상화해낸 '고뇌하는 중국'으로부터 다케우치 요시미는 일본의 비틀린 근대를 추궁하기 위한 '방법으로서의 아시아'를 추출했으며, 쑨거는 다케우치의 사상 과제를 오늘의 시대에서 계승하여 첨예한 '아시아라는 사유공간'을 빚어낼 수 있었다. 그리하여 원작은 사후에 다시금 생을 얻었다. 어떤 동아시아의 사상은 이렇게 가능했던 것이다.

다케우치는 루쉰을 두고 이렇게 말했다. "루쉰은 고전이 될 수 없다. 이는 그와 함께했던 시대가 아직 자신의 과제를 해결하지 못했기 때문이다." 아마도 『다케우치 요시미라는 물음』 역시 고전이 될 수 없을 것이다. 시간이 지난다고 해서 과거의 책이 되어 현대인으로부터 멀어져갈 수 없는 것이다. 또한 시대의 답을 간직한 책으로서 경전화될 수도 없을 것이다. 쑨거는 다케우치를 정리하고자 혹은 다케우치로부터 답을 구하고자 이 책을 쓰지 않았다. 다케우치가 해결하지 못한 과제를 계승하고자 이 책을 썼다. 그러나 쑨거는 다케우치가 해결하지 못한 과제를 자신도 해결할 수 없음을 자각하고 이 책을 썼다. 그래서 다케우치 요시미를 물음으로 빚어냈다. 이제 그 물음이 우리에게 다가왔다.

쑨거 연구력

<u>1955년 5월 24일</u>
중국 지린성의 창춘 시에서 출생한다.

<u>1981년</u>
지린대 중국언어문학학부를 졸업한다.

<u>1982년</u>
중국사회과학원 문학연구소에서 조수로 일한다.

<u>1988년</u>
동 연구소에서 조리연구원助理硏究員으로 일한다. 도쿄대 문학부 객원연구원으로서
이듬해까지 일본에 체류한다.

<u>1994년</u>
짓센여자대 문학부 특별연구원으로서 이듬해까지 일본에 체류한다.

<u>1996년</u>
중국사회과학원 조교수로 일한다.

<u>1998년</u>
《인터아시아 컬쳐럴 스터디즈Inter-Asia Cultural Studies》의 편집위원으로서 현재까지
이어진다. 일본학술진흥회-중국사회과학원의 논문박사 프로그램을 밟아 2003년까지
이어졌다. 중국에서 『구착집求錯集』을 발표한다.

<u>2000년</u>
베이징 일본학연구센터 겸임교수로 현재까지 이어진다.

<u>2001년</u>
중국사회과학원 교수로 현재까지 재직 중이다. 중국에서 『아시아는 무엇을 의미하는

사상의 번역

가亞洲意味著什麼』를 발표한다.

2002년
중국에서 『주체 미산의 공간主體彌散的空間』을 발표한다. 일본에서 『아시아를 말한다는 딜레마アジアを語ることのジレンマ』를 발표한다.

2003년
도쿄도립대 법학부에서 정치학 박사학위를 취득한다. 도쿄외국어대학 지역문화연구소 객원교수로서 이듬해까지 일본에 체류한다. 한국에서 『아시아라는 사유공간』을 발표한다.

2005년
하이델베르크대 중국학과, 일본학과 객원교수로 독일에 체류한다. 중국에서 『다케우치 요시미의 역설竹內好的悖論』을 발표한다. 일본에서 『다케우치 요시미라는 물음竹內好という問い』을 발표한다.

2006년
워싱턴대 동아시아학부 객원교수로서 미국에 체류한다. 『흔적』의 편집위원으로서 현재까지 이어진다.

2007년
도쿄대 사회과학연구소 객원교수로, 이후 히토츠바시대 사회학연구과 객원교수로 이듬해까지 일본에 체류한다. 한국에서 『다케우치 요시미라는 물음』을 발표한다.

2008년
일본에서 『역사의 교차점에 서서歷史の交差点に立って』를 발표한다.

2009년
중국에서 『문학의 위치文學的位置』를 발표한다.

2010년

지통대 사회문화연구소 객원교수로 이듬해까지 타이완에 체류한다.

2011년

교토대 문학부 객원교수로 일본에 체류한다. 중국에서 『우리는 왜 동아시아를 말해야 하는가我们为什么要谈东亚』를 발표한다.

다케우치 요시미 연보

1910년 탄생
10월 2일 나가노 현 미나미사쿠 군 우스다마치 다이지우스다 137번지에서 태어났다. 아버지 부이치, 어머니 기요시의 장남으로 태어났다.

1913년 3세
아버지가 에이타이바시 세무서로 전근해 일가가 도쿄로 이주한다.

1915년 5세
아버지가 세무서를 퇴직하고 사업을 시작한다. 이케부쿠로에서 요릿집과 기생집을 열었고 홋카이도 탄광에도 투자했다.

1917년 7세
4월 고치마치 구립 후지미소학교에 입학한다. "아버지의 사업이 실패해 소학교 시절 우리집은 가난의 늪에 빠졌다. 도시락을 싸갈 수 없어 학교를 거르기도 했다." 친구와 좀처럼 어울리지 않는 "염세적인 아이"였다.

1920년 10세
담임 노다 선생이 문재(文才)를 인정해주자 고무되어 작문집을 만든다.

1923년 13세
3월 후지미소학교를 졸업한다. 4월 도쿄부립제1중학교에 입학한다. 7월 「꽃의 도시」가 《학우회 잡지》 제88호에 게재된다. 활자화된 최초의 작품이다.

1924년 14세
"사람은 왜 선을 이뤄야 하는가" "선의 근거는 어디에 있는가"라는 문제에 봉착해 "막다른 골목에 내몰렸다. 스스로 타개할 힘이 없음을 알기에 어두운 기분이었다." 11월 어머니가 사망한다. 향년 40세.

1925년 15세

7월 아버지와 의모 곁을 떠나 숙부 부부와 지낸다. 카메라를 배우기 시작한다.

1927년 17세

3월 중학 4학년에 1고, 3고에 지원했으나 떨어진다.

1928년 18세

3월 도쿄부립제1중학교를 졸업한다. 4월 오사카고등학교에 입학한다. "우리 시대에는 집에서 합법적으로 탈출하려면 지방의 고등학교를 선택하는 게 상책이었다. 이상은 교토였지만 안전을 위해 차선책으로 오사카를 택했다." 그러나 고등학교를 본 순간 너무 실망해 "후회막급이었고 후회는 3년간 이어졌다. 당시는 굴욕감으로 가득했다." 같은 학년에 야스다 요주로, 다나카 카츠미 등이 있었는데 교사들은 이 반을 "로맨틱 클래스"라고 불렀다.

1930년 20세

4월 "우리는 분발해 우리의 신문을 낳아야 한다. 학예부가 그 기초를 맡는 게 가장 적당한 방법이다." 오사카고등학교에서 《교우회 잡지》를 발행하던 교우회 학예부의 위원이 된다. 잡지의 성격을 두고 학예부 부장과 충돌한다. 검열이 극심하던 당시 잡지에 실린 글로 학생들이 수업 중에 경찰서로 연행된 일에 강력히 항의한다. 11월 전교생을 강당에 모아놓은 가운데 도쿄제국대학 교수 가와이 에이지로의 사상 선도 강연회가 끝나자 학생들이 휴교에 돌입했다. 다케우치는 강당에서 "'신성한 수업 중'에 다섯 명의 학생을 경찰에 인도"한 학교 당국에 규탄하는 연설을 한다. 학교 측은 다케우치 요시미와 야스다 요주로를 주모자로 지목한다.

1931년 21세

3월 오사카고등학교를 졸업한다. 4월 도쿄제국대 문학부 지나철학·지나문학과에 입학한다. RS(Reading Society, 유물변증법을 연구하는 모임)에 가입했지만 운동에는 적극적이지 않았다. 동기인 다케다 다이준과 알게 된다. 《중앙공론》 7월호 「장제스의 지나」를 읽고 지나 문제 연구의 필요를 통감한다. 10월 도쿄제국대학 신문사에 지원한다. 루쉰의 『아Q정전』을 읽고 "유모레스크함에 마음이 끌렸다."

1932년 22세

8월 외무성 대지문화사업부의 지원을 받아 '조선 만주 견학여행' 단원의 한 사람으로 조선과 중국을 방문한다. 처음 가본 중국에서 풍물과 인물에 매료되어 중국문학 연구를 결심한다. "나와 중국의 관계는 이때 시작된다." 9월 베이징으로 사비 유학을 떠나 어학 공부의 필요를 통감하고 중국어 가정교사를 둔다. 서점가를 전전하며 손에 닿는 대로 신간 문학서를 사들인다. 쑨원의 『삼민주의』를 입수해 읽고는 깊은 감동을 받는다.

1933년 23세

3월 「중국의 신문사업에 관한 연구」를 외무성에 제출한다. 12월 졸업논문 「위다푸 연구」를 제출한다. 도쿄제국대학 지나철학지나문학과 졸업생 34명 가운데 유일하게 현대문학을 주제로 삼았다.

1934년 24세

1월 다케다 다이준이 현대소설에 정통한 것을 보고 감동한다. 다케다에게 '중국문학연구회'를 권유한다. 3월 1일 마스다 쇼, 마쓰에다 시게오, 오카자키 토시오, 다케다 다이준 등이 다케우치의 집에 모여 중국문학연구회 제1회 준비총회를 개최한다. 5월 징병검사로 제2을종이 된다. 8월 중국문학연구회 주최로 저우쭤런과 쉬주정의 환영회를 개최한다. 이때 중국문학연구회라는 명칭을 처음으로 공식 사용한다.

1935년 25세

1월 중국문학연구회 정기모임에서 궈모뤄의 강연 '역(易)에 관하여'를 듣고 이때 그에게 연구회의 기관지 명칭 가운데 '중국문학' 네 글자를 써달라고 부탁한다. 2월 28일 《중국문학월보》 창간호를 발행한다. 원고의 모집·정리·교정·발송 등 잡지 운영 전반에 관여하고 매호 편집후기를 쓴다. 4월 다케다 다이준이 메구로서에 연행되어 45일간 유치되었다. 만주국 황제 부이의 도쿄 방문을 앞두고 예방검속이 실시되어 여러 유학생도 검거되었고 시에빙잉도 그 중 한 명이었다. 다케다는 시에빙잉과 교제가 있어서 붙잡혔다. 10월부터 중국인 유학생을 위한 일본어 속성학교인 '동아학교'의 강사를 맡아 다음 해 3월까지 근무한다.

1936년 26세

《중국문학월보》를 발행했으나 만성적 원고 부족으로 골머리를 앓는다. 8월 《월보》에 서 '루쉰 특집호'를 기획하면서 『납함』과 『화개집』을 읽는다. 「광인일기」에 가장 매료 된다. 9월 「루쉰론」을 집필한다. 10월 루쉰이 급서하자 이미 짜놓은 특집호(11월 1일 발행, 20호)에 서둘러 「죽음死」을 번역해 개제하며 애도의 뜻을 표한다.

1937년 27세

10월 16일 다케다 다이준의 출정을 배웅하고 다음 날에 외무성 문화사업부의 제3종 보조금을 받고 베이징으로 유학을 떠난다.

1938년 28세

3월 근대과학도서관에서 일본어 강사로 근무한다. 월급은 70엔이다. 9월 전에 하던 일 을 그만두고 베이징대 이학원에서 일본어 강사로 근무한다.

1939년 29세

2월 도쿄로 향한다. 3월 아버지가 사망한다. 4월 베이징으로 돌아온다. 6월 다시 도쿄 로 향한다. 아버지의 유골을 매장한다. 이미 결정된 K와의 혼담을 정식으로 파약한다. 7월 도쿄를 떠나 베이징으로 향한다. 그 사이에 산둥성에서 군의관으로서 근무하던 동생과 만나 닷새간을 함께 보낸다. 요정 '만수(萬壽)'의 종업원 미네코와 만나 한때 결혼을 생각한다. 10월 도쿄로 돌아온다.

1940년 30세

1월 중국문학연구회 사무실을 닫고 다시 다케우치의 집으로 옮긴다. 『중국문학』 제60 호를 생활사를 발매원으로 해서 간행한다. 이때 잡지명에서 '월보' 두 글자를 뺀다. 생 활사에서 편집비가 나와 처음으로 원고료(한 장 오십 전)를 지불할 수 있게 된다. 4월 회교권연구원이 된다. 업무는 중국 회교도 조사였다. 매주 월화금토에 출근한다.

1941년 31세

4월 동아연구소 및 교후쿠실업교의 중국어 강사가 된다. 5월 일본평론사와 『루쉰』 출 판계약을 맺는다. 당시 회교권연구소, 동아연구소, 쿄우호쿠실업 세 곳에서 근무해 월 수는 170엔이었고 매달 백 엔 정도 적자였다. 죽은 아버지의 유산도 남지 않아 전도불안한 상태였다. 12월 11일 진주만 공습 직후에 감상을 밝힌다. "지나사변으로 뭔가 거북하고 떳떳치 못한 기분에 시달려 왔는데 이번에 씻어냈다. 지나사변은 이번에야말로 훌륭하게 살았다. 노하라 군, 어쨌든 이 전쟁은 진보적 전쟁이다. 분명히 그렇다고 생각한다. 이것을 민족 해방의 전쟁으로 이끄는 것이 우리의 책무다." 12월 16일《중국문학》1월호에서 「대동아전쟁과 우리의 결의」를 발표한다.

1942년 32세
2월 회교 조사를 위해 베이징으로 떠난다. 상하이에서는 빈곤층의 주택사정과 민가의 구조를 조사한다. 4월 도쿄로 돌아온다. 8월 역서 『새금화賽金花』를 생활사에서 출간한다. 11월 도쿄에서 제1회 대동아문학자대회가 개최된다. 중국문학연구회도 초대받지만 거절한다. "나 개인이야 어떻든 간에, 적어도 공적인 입장을 갖는 중국문학연구회로서는 공무원처럼 환영행사를 거드는 일은 그 전통이 허락하지 않는다."

1943년 33세
1월 23일 다케우치의 제안으로 다케다 다이준의 집에 회원들이 모여 중국문학연구회를 해산하고《중국문학》을 폐간하기로 결정한다. 3월《중국문학》종간호(92호)에「《중국문학》폐간과 나」를 발표한다. 11월 일본평론사에 『루쉰』 원고를 건네고 2백 엔을 가불한다. 12월 1일 소집영장이 나와 12월 4일 동부 제64부대에 입대한다. 12월 28일 후베이성 쉬엔닝에서 보병 제88대대에 배속된다.

1944년 34세
6월 "독립혼성여단은 노병, 학도병 등 약졸의 오합지졸로서 제1선에는 그다지 투입될 일이 없었지만 부락을 점거하던 적군과 정면으로 충돌한 일이 있다." 다케우치는 행군 중에 낙오하기로 유명했으며 낙마해 의식불명에 빠진 적도 있었다. 12월 다케다 다이준이 교정을 맡아 『루쉰』이 발행된다. 3000부가 발행된다.

1945년 35세
8월 15일 웨저우에서 패전을 맞고 8월 31일 현지에서 소집이 해제된다. 9월 웨저우에서 한커우로 가서 시에빙잉과 재회한다.

1946년 36세

1월 10일 「차마 회고할 수 없네 - 시에빙잉 선생에게 바친다不堪回首─献給謝氷瑩
先生」를 발표한다. 전후에 발표한 첫 글로서 "원고지가 없어 백지에 모필毛筆로 썼
다." 3월 《중국문학》이 93호부터 복간되었지만 다케우치는 복간으로 인정하지 않는다.
11월 『루쉰』의 개정판이 나왔는데 '지나'가 '중국'으로 수정되어 있자 출판사에 항의
한다. 12월 도쿄대 교수 쿠라이시 타케시가 도쿄대 조교수로 초빙하지만 거절한다.

1947년 37세

8월 오다기리 히데오가 세계평론사의 '세계문학 핸드북' 시리즈로 『루쉰』 집필을 의
뢰하자 승낙한다. 이때 신일본문학회의 입회도 권고받지만 거절한다. 9월, 같은 해 2
월부터 번역에 매진한 『루쉰 평론집』이 번역권 문제로 출판할 수 없게 된다. 동양문
화연구소에서 마루야마 마사오를 처음 만난다. 다케다 다이준이 홋카이도대 법문학
부 조교수로 떠나 송별회를 연다. 다케다 다이준은 1948년 5월에 사직한다. 11월 동
양문화연구소 주최의 공개강연에서 「루쉰이 걸어간 길: 중국에서 근대의식의 형성」
을 발표한다. 이후 「근대란 무엇인가」의 모태가 된다.

1948년 38세

1월 31일 작가론 세계문학 핸드북 『루쉰』을 탈고한다. 3500부를 찍는다. 인세는 13퍼
센트였다. 4월 「중국의 근대와 일본의 근대」(이후 「근대란 무엇인가」로 제목 변경)를
탈고한다. 5월 「지도자 의식에 대하여」를 탈고한다. 12월 「중국인의 항전 의식과 일
본인의 도덕의식」을 탈고한다.

1949년 39세

1월 도마 세이타로부터 일본공산당 입당을 권유받지만 거절한다. 3월 7일 스기 테루
코와 결혼한다. 아버지의 기일인 이날 타마묘지에서 참배하고 그 자리에 모인 소수의
친척들에게 스기를 소개한 뒤 결혼식을 올린다. 5월 「중국인의 항전의식과 일본인의
도덕의식」을 발표한다. 6월 평론집 『루쉰잡기』를 출판한다. 7월 사상의과학연구회 발
회식에 출석하고 입회한다. 생활고가 심해 가재도구를 판다. 9월 《전망》에 「전통과 혁
명」을 처음 기고한 뒤 《전망》에 자주 글을 싣는다.

1950년 40세
1월 코민포름의 의거한 노사카 산조의 평화혁명론을 비판한다. 「일본 공산당에 보내다日本共産党に与う」를 작성한다. 2월 16일 장녀 히로코가 탄생한다.

1951년 41세
3월 「평전 마오쩌둥」을 탈고한다. 6월 「근대주의와 민족의 문제」를 탈고한다. 국민문학논쟁의 발단이 된다. 7월 19일 차녀 쇼코가 탄생한다. 9월 평론집 『현대중국론』을 출판한다. 린위탕의 『폭풍 속 나뭇잎』을 번역한다.

1952년 42세
1월 《문학》 편집위원이 된다. 8월 평론집 『일본이데올로기』를 출판한다. 10월 예사오쥔의 『소학교 교사小学教師』를 번역 출판한다.

1953년 43세
1월 사상의과학연구회 편 《싹芽》의 출판기획위원이 된다. 2월 『루쉰 평론집』을 번역 출판한다. 3월 총평과 사회당으로부터 중의원 의원 입후보를 권유받지만 거절한다. 5월 『루쉰작품집』을 번역 출판한다. 6월 『루쉰 입문』을 출판한다. 도쿄도립대 인문학부 교수가 된다. 7월 사상의과학연구회 회장에 취임한다. 9월 공저 『중국 혁명의 사상』을 출판한다. 11월 『문학』(전8권)을 공동편찬한다.

1954년 44세
1월 평론집 『국민문학론』을 출판한다. 2월 『현대 중국문학 전집』(전14권)을 공동편찬한다. 5월 코단샤판 《사상의 과학》 창간에 즈음해 편집위원으로 참가한다. 7월 『루쉰 작품집』의 독자를 중심으로 '루쉰의 벗 모임'을 창립하고 기관지 《루쉰의 벗 모임 회보》 제1호를 발간한다. 9월 『프롤레타리아 문학 대계』(전9권)를 공동편찬한다. 11월 『문학의 창조와 감상』(전5권)을 공동편찬한다. 11월 평론집 『지식인의 과제』를 출판한다.

1955년 45세
7월 루쉰의 『야초』와 『속 루쉰 작품집』 번역 출판한다. 9월 감기가 악화되어 입원한다. 직장농창 수술을 받는다. 11월 루쉰의 『아Q정전·광인일기』를 번역 출판한다.

1956년 46세

1월 일본교원노동조합의 강사를 맡는다. 5월 『루쉰 선집』(전12권, 별권 1)을 공동편찬한다. 8월 20일 원수폭금지세계대회 중국 대표로 방일한 쉬광핑과 이와나미서점에서 간담한다. 10월 마오쩌둥의 『문예강화』를 번역 출판한다.

1957년 47세

4월 문학교육의 모임 설립 발기인이 된다. 안보조약 개정 반대운동에 참가한다. 4월 21일 '루쉰의 벗 모임'이 정식으로 발족한다. 5월 「쑨원관의 문제점」을 탈고한다. 6월 '현대중국사상연구회'를 발전적으로 해소해 '중국근대사상사연구회'를 발족한다.

1958년 48세

2월 끊임없이 대학의 사직을 생각한다. 3월 『현대 예술』(전7권)을 공동편찬한다. 5월 12일 텔레비전을 구입한다. 5월 14일 다케다 다이준의 『숲과 호수의 축제』 완성을 격려하는 모임의 발기인이 되기를 권유받지만, 미시마 유키오와 연명連名하는 것은 곤란하다는 이유로 거절한다. 6월 『현대 중국문학 전집3·마오뚠 편』을 공역 출판한다. 6월 도쿄도립대에 '근대문학간담회'를 만든다. 7월 도쿄도립대에 조선어과를 마련하는 안을 진행해 10월부터 강사를 부른다. 7월 『세계문학 대계62 루쉰·마오뚠 편』을 공역 출판한다. 10월 도쿄도립대에서 경직법 반대성명 회원으로 참가해 반대성명 초고를 작성한다.

1959년 49세

1월 교토의 부락문제연구소를 방문한다. 3월 「안보조약 개정 문제에 대한 문화인의 성명」에 참가한다. 7월 『근대 일본사상사 강좌』(전8권)를 공동편찬한다. 10월 도립대 안에 '안보의 광장'을 만들고 '안보문제연구회'에 참가한다. 「근대의 초극」을 탈고한다. '안보 비판의 모임'이 창설되자 참가한다. 12월 부락문제연구소 주최의 공개강연회에서 「기본적 인권과 근대 사상」을 강연한다.

1960년 50세

1월 국제기독교대 아시아문화 연구위원회에서 「방법으로서의 아시아」를 강연한다. 3월 도립대학 중국문학연구실에서 학생들과 함께 학동 피난의 연구를 이어간다. 3월 헌법문제연구회에서 「일중 관계와 중국 문제」를 보고한다. 4월 분쿄공회당의 중국인

포로 강제연행 순난자 국민대위령제에서 「순난자의 영령 앞에서」을 강연한다. 5월 안보반대운동에 전력을 기울인다. 5월 18일 '안보 비판의 모임' 대표의 일원으로서 기시 노부스케 수상과 면담한다. 5월 21일 중의원의 안보조약 강행 체결에 항의해 도쿄도립대에 사표를 제출한다. 5월 31일 「민주인가 독재인가」를 발표한다. 6월 '민주주의를 지키는 전국 학자, 연구자의 모임' 집회에서 「네 가지 제안」을, '민주주의를 지키는 강연회'에서 「우리의 헌법감각」을 강연하는 등 연일 각처에서 강연한다. 6월 19일 부락문제연구소의 평의원이 된다. 8월 사회당이 공인해 국회의원 선거에 출마한다는 유언비어가 나돈다. 9월 13일 나고야의 국민구원회에서 「물에 빠진 개는 떼려야 한다」를 강연한다. 9월 23일 '사상사연구회' 제1회 회합에 참석한다. 이후 이 회합을 마치고 마루야마 마사오와 함께 귀가하는 일이 잦았다.

1961년 51세

1월 AA작가 회의 도쿄대회 준비위원이 된다. 2월 1일 시마나가 사건(잡지《중앙공론》에 후카자와 시치로의 『풍류몽담風流夢譚』이 실린 것에 항의해 우익 소년이 중앙공론사 사장집에 침입해 가정부 여성을 살해하고 사장 부인에게 중상을 입혔다)이 발생한다. 당시 잡지《사상의 과학》은 중앙공론사에서 발행되고 있었다. 2월 3일 '사상의 과학'연구회 평의원회는 시마나가 사건 대책협의회를 열었고 다케우치 요시미는 단장이 된다. 3월 세키 온천으로 첫 스키 여행을 떠난다. 스키에 빠져 매해 거르지 않고 스키를 타러간다. 4월 25일 중앙공론사에서 만주국연구회 제1회 회합을 한다. 7월 평론집 『불복종의 유산』을 출판한다. 11월 '조선연구소' 창립 발기인이 된다. 12월 중앙공론사가《사상의 과학》1월호 '천황제 특집호'를 폐기처분하고 공안조사청에 보냈다. 이를 둘러싸고 '사상의 과학 연구회' 평의원회가 열려 다케우치가 강력히 주장해 중앙공론사에서《사상의 과학》을 발행하는 것을 중단키로 한다. 이후 「사상 단체의 원리와 책임」을 발표하며 자주 출판을 계획한다.

1962년 52세

2월 마오쩌둥의 『모순론』을 번역 출판한다. 2월 25일 사상의 과학 연구회 임시총회 의장을 맡아 새로운 잡지 추진과 성명을 결정한다. 3월 「마오쩌둥 사상을 계승하는 법: 『모순론』 번역에 대하여」을 발표한다. 4월 국민문화회의에 참석해 국민 개념에 관한 감상을 밝힌다.《사상의 과학》'천황제 특집호'를 새로 설립한 사상의과학사에서 자주 간행한다. 5월 헌법문제연구회에서 「자위와 평화」를 강연한다. 5월 7일 '소신문의 모임'을 발족한다. 5월 「오카쿠라 텐신」을 탈고한다. 9월 바둑에 시간과 노력을 들이기 시작한다. 12월 이치이 사부로가 주재하는 사상의 과학 연구회의 서클, 메이지유신연구회에 참여한다.

1963년 53세

2월 '일본 속의 중국 연구회'를 '중국의 모임'으로 개칭하고 잡지 《중국》을 발간해 책임편집자를 맡는다. 아울러 「중국을 알기 위해」를 연재하기 시작한다. 10월 사상의 과학 시민 학교에 출강한다. 12월 의모인 치요가 사망한다.

1964년 54세

2월 『루쉰 선집』 증보 개정판(전13권)을 공동편찬한다. 5월 『중국의 사상』(전12권)을 감수한다. 6월 전년 9월부터 후쯔우사의 도산으로 간행이 중단된 『중국 신서』를 케이소서방으로 끌어온다. 잡지 《중국》은 중국의 모임이 자주 간행한다. 《중앙공론》 10월호의 '전후 일본을 만든 대표논문'에 「일본의 근대와 중국의 근대」가 재록된다.

1965년 55세

5월 다쓰마 쇼스케의 편저로 『다케우치 요시미 저작 노트』를 발간한다. 9월 건성늑막과 폐렴으로 위험 상태에 빠져 한 달간 입원했다가 자택에서 요양한다.

1966 56세

3월 부락문제연구소를 탈퇴한다. 4월 평론집 제3권 『일본과 아시아』를 출판한 뒤 새로 편집해 제2권 『일본이데올로기』와 제1권 『현대중국론』을 5월과 6월에 다시 출판한다. 8월 『루쉰 작품집』 1, 2권을 번역 출판한다. 10월 『루쉰 작품집』 3권을 번역 출판한다. 10월 15일 사르트르와 보부아르를 맞이해 '베평련(ベ平連, 베트남에 평화를 시민연합의 약칭)의 패널이 된다. 11월 19일 하니야 유타카와 바둑 이야기를 하다가 신기회新碁會를 만든다.

1967년 57세

1월 헌법문제 연구회, 사상의과학사 사원회, 이와나미 서점의 모임에 참석한다. 2월 헌법문제 연구회, 사상사 연구회, 중국 근대사상사 연구회에 참석한다. 9월 마이니치 신문 조합에서 '중국' 호칭에 관해 이야기한다. 9월 『일본·중국·혁명』을 공동편찬한다. 『혁명과 전통』을 출판한다. 11월 「메이지 유신과 중국혁명: 쑨원에 대하여」를 발표한다.

1968년 58세
2월 아사히신문사의 조사연구실에서 「중국 혁명을 보는 법에 대하여」를 강연한다. 10월 후쿠오카에서 「중국근대 혁명의 진전과 일중관계에 대하여」를 강연한다.

1969년 59세
1월 야스다 타케시가 제안한 살롱을 시작해 보통 한 달에 한 차례 회합을 갖는다. 주로 신쥬쿠의 바인 후몬(風紋) 등지에서 모였는데 다케우치 요시미, 야스다 타케시 말고도 하시가와 분조, 타무라 요시야, 다카세 요시오, 오카야마 다케시, 카네코 카츠아키 등이 단골이었다. 3월 아시아경제연구소 연구소에서 「오오카와 슈메이의 아시아연구」를 강연한다. 5월 부락해방동맹연구 집회에서 「인간의 해방과 부락 해방운동」을 강연한다. 6월 '차별을 생각하는 모임'을 주최한다. 다케다 다이준, 유리코 부부와 함께 '백야제와 실크로드 여행'에 참가해 소련과 북유럽을 방문한다. 9월 부락해방동맹과 일본공산당이 대립하자 노마 히로시, 오다기리 히데오, 아라 마사히토, 오에 겐자부로 그리고 부락해방동맹의 멤버와 만남을 갖는다. 10월 츠루미 스케와 「10년의 폭으로 생각하며」라는 대담을 한다. 10월 제1회 중국어 강습회를 열고 매주 1회 강의한다. 학생은 하시가와 분조, 츠루미 카즈코, 이치이 사부로였다.

1970년 60세
4월 후쿠오카의 부락해방동맹 교육연구 집회에 참가한다. 5월 오사카의 부락해방동맹 교육연구 집회에 참가한다. 5월 헌법문제 연구회에서 「전후로부터 전전으로」를 강연한다. 7월 평론집 『예견과 착오』를 출판한다. 10월 대담집 『상황적狀況的』을 출판한다.

1971년 61세
1월 중앙공론사와 화해해 집필 거부를 푼다. 3월 《중국》 편집부원이 '중국의 모임' 명의로 산리즈카 투쟁을 지지하려 모금을 한 건으로 회의를 한 뒤 모금 활동을 취소하고 돈을 돌려보낸다.

1월 루쉰 번역에 매진한다. 2월 7일 사야마 사건(1963년 사야마 시에서 벌어진 여고생 살해 사건으로 경찰의 사건 조작이 문제가 되어 논란이 이어지고 집회가 벌어졌다. 특히 범인으로 지목된 자가 피차별 부락 출신이어서 다케우치 등은 재수사를 촉구하는 운동을 벌였다) 관련 공정수사 촉구서명단의 한 사람으로서 기자회견을 한다. 이후 사건은 고등재판소로 넘어간다. 5월 히로시마의 부락해방동맹연구 집회에 참가한다. 7월《변경》에 게재하기 위해 1934년의 일기를 다시 꺼내 읽는다. 8월 「루쉰과 일본」을 강연한다. 10월《중국》을 휴간하겠다는 의향을 토쿠마 서점에 전한다. 《중국》 11월호의 지도에서 '중화민국'으로 명명된 것을 발견하고 시판을 중지한 뒤 회원들에게 사과장을 보낸다. 시부야 공회당에서 「실감적 연설론」을 강연한다. 12월《중국》 12월호 (통권 110호)로 휴간한다.

1973년 63세

2월 24일 『일본 속의 조선문화』를 격려하는 모임이 중앙공론사 빌딩에서 개최되자 참석한다. "이것은 일본에서 가장 혁명적인 잡지입니다. 지금도 그 생각은 변하지 않았습니다. 저도 작은 잡지를 꾸려왔으나 얼마 전 실패했습니다. 진정 혁명적인 잡지를 만들려면 이렇게 만들어야 한다는 걸 지금 깨달았습니다. 언제까지고 계속되기를 희망한다고 말씀드리고 싶지만 그렇지 못하더라도 한 호 한 호는 영원히 남을 것입니다."(『『일본 속의 조선문화』에 대하여」) 이 모임에서 만취해 계단에서 굴러 인사불성이 되었다. 오오쿠보 병원으로 실려가 세 바늘을 꿰매고 준텐도 병원의 뇌외과에 입원해 한 달 반을 보냈다. 4월 루쉰의 번역을 재개한다. 5월 중국어 교실을 재개한다. 6월《중국의 모임 회보》최종호(제20호)에 「인사: 중국의 모임을 해산하며」를 발표한다. 이로써 모임의 활동을 마감한다. 7월 전시 중의 글을 처음으로 단행본으로 모아 『일본과 중국 사이』라는 제목으로 출판한다.

1974년 64세

5월 『근대 일본과 중국』 상권을 공동편찬한다. 8월 『근대 일본과 중국』 하권을 공동편찬한다. 11월 헌법문제연구회의 해산을 제창한다. 12월 『전형기轉形期』를 출판한다.

1975년 65세

1월 치쿠마서방과 『루쉰 문집』을 진행하기로 협의한다. 9월 편저 『아시아학의 전개를 위하여』를 출판한다. 10월 『납함』과 『방황』의 번역 원고를 건넨다. 10월 이와나미 시민강좌에서 「일본에서 루쉰의 번역」을 강연한다. 11월 『고사신편』의 번역 원고를 건넨다.

1976년 66세

1월 『야초』의 번역 원고를 건넨다. 이치이 사부로, 미와 키미타다 두 사람이 프린스턴 대로 떠나기 전에 중국어반의 선생으로서 쓰루미 카즈코의 초대를 받아 그녀 집에서 모인다. 2월 감기로 심하게 앓는다. 6월 『루쉰문집』 제3권의 주를 건넨다. 7월 『루쉰문집』 제1권의 해설을 간신히 탈고한다. 8월 『루쉰문집』 제4권의 번역 원고를 건넨다. 9월 엑스레이 검사로 경추에 이상을 발견하고 통원 치료를 받는다. 10월 『루쉰문집』 제2권의 해설을 간신히 탈고한다. 10월 이와나미 문화 강연회에서 「루쉰을 읽는다」를 강연한 뒤 심한 피로를 느낀다. 10월 5일 다케다 다이준이 사망해 장례 위원장을 맡는다. 10월 『루쉰문집』 제1권을 번역 출판한다. 교토에서 「루쉰을 읽는다」를 강연한다. 11월 일본의대 병원에서 검사를 받았는데 급성 당뇨병, 급성 류마티스라는 진단이 나온다. 평론집 『신편 루쉰잡기』를 출판한다. 12월 모리모토 병원에 입원 후 엑스레이 촬영 결과 폐암 의혹이 짙어진다. 이후 식도암으로 판명된다. 12월 『루쉰문집』 제2권을 번역 출판한다.

1977년 67세

1월 『루쉰 문집』 제3권의 해설을 구술로 진행한다. 2월 서재 정리와 세금 신고 등에 관해 부인에게 지시를 준다. 2월 치료가 장기화될 것을 예상해 구오바라 다케오, 츠루미 슌스케, 나카노 키요미, 하니야 유타카, 마스다 와타루 5인이 발기인이 되어 '다케우치 요시미의 모임'을 만들어 지인에게 경제적 원조를 호소한다. 142명으로부터 382만 5천 엔이 전해진다.

2월 암이 전신으로 전이되어 격통을 누르려고 진통제가 사용된다. 의식의 혼미해지자 납치, 감금되었다는 피해망상으로 귀가를 강하게 호소한다. 3월 3일 사망한다. 3월 10일 무종교식으로 장례가 거행된다. 장례위원장은 하니야 유타카가 맡는다. 이 식장에서 구 중국문학연구회 동인 마스다 와타루가 조사 낭독 중에 심장발작을 일으켜 사망한다. 3월 『루쉰 문집』 제3권이 번역 출판된다. 12월 『루쉰 문집』 제4권이 번역 출판된다.

1978년

1월 『루쉰 문집』 제5권이 번역 출판된다. 2월 『루쉰 문집』이 제6권 번역 출판된다. 2월 평론집 『속 루쉰 잡기』가 출판된다. 7월 『방법으로서의 아시아: 우리 전전·전중·전후 1935~1976』이 출판된다.

1980년

9월 『다케우치 요시미 전집』 제1권이 발행된다. 이후 매달 한 권씩 간행되어 1981년 12월에 제16권이 나온다. 그리고 1982년 9월에 제17권이 간행되어 전집이 완결된다.

사상의 번역

찾아보기

'우리시대 고전읽기/질문총서'를 펴내며

오늘날 우리 사회에서 새삼스럽게 화두가 되고 있는 것이 '고전'이다. 왜 고전인가? 미래가 불투명한 현실에서 고전은 하나의 등불처럼 미래의 방향을 비춰주고, 개인의 암울한 장래 앞에서 고전은 한 줄기 빛처럼 세상의 어둠을 밝혀주는 안내자의 역할을 할 수 있을 것으로 여겨지기 때문이다. 어쩌면 고전이 시대의 화두라는 말은 이 시대 자체가 나아가야 할 목표와 좌표를 상실한 암담한 시대라는 사실을 방증하는 것일지 모른다. 게오르그 루카치의 말처럼 현재가 별이 빛나는 창공을 지도 삼아 갈 수 있는 행복한 서사시적 시대라고 한다면, 고전은 존재하지 않아도 무방하리라. 하지만 '고전'은 그런 시대의 행복한 조화가 깨어지고 우리 자신이 시대와 불화하고 서로 어긋나는 소설 시대의 산물에 다름 아니다.

우리는 너무 쉽게 고전을 시대 현실과 동떨어진 대척점에 놓으려는 유혹에 빠지곤 한다. 정말 고전은 우리 현실과 대립하는 위치에 서서 미래를 비춰줄 찬란한 등불과 같은 것인가? 이 질문에 긍정으로 대답하면 우리는 고전을 그것을 산출한 시대적 현실과 연결된 살아 있는 생물체로 보지 못하고 그 현실과 분리된 물신화된 화석으로 간주할 가능성이 다분하다. 언제부터인가 고전은 시간을 뛰어넘는 '모방의 전범'으로, 또 19세기 매슈 아널드가 말한 '세상에서 말해지고 생각된 최고의 것', 즉 교양을 얻을 수 있는 최고의 원천으로 간주되기 시작했다. 나아가서 고전은 '변화와 상대성에 저항하는 보루'로서 시대를 초월하는 인간의 보편적 가치를 담지한 작품으로 정전화되어왔다. 하지만 시대와 장소를 뛰어넘어 통용되는 초월적 '보편성'이란 우리시대가 필요해서 창안한 관념일 뿐 실제 존재하지 않는다. 고전의 화석화에 저항하는 당대적 현실과, 고전이 정전화될 때 간섭하는 권력의 존재를 감안한다면, 그와 같은 초월적 보편성의 이념은 이데올로기적 허구에 가깝다.

'우리시대 고전읽기/질문총서'는 이러한 절대적이고 초월적인 보편으로서 고전의 허구성을 비판하기 위해서는 무엇보다 먼저 우리시대의 문제적 텍스트들을 읽는 연습이 절실하다는 생각에서 기획되었다. 그 문제적 텍스트가 시대적 현실 속에서 살아 움직이는 실체임을 깨닫게 될 때, 즉 그 텍스트들이 당대의 현실에 어떤 질문을 던지고 있는지, 그 질문을 서사적으로 어떻게 풀어나가는지, 그리고 그 질문이 어떻게 새로운 대안으로 연결될 수 있는지 보다 생생하게 읽어내는 방식을 체득하게 될 때, 우리는 현재의 삶이 제기하는 문제들에 보다 적극적으로 대응할 수 있을 것이다. 뿐만 아니라 우리시대의 고전을 제대로 읽을 수 있을 때 우리는 과거의 고전들에 대해서도 예전과는 전혀 판이한 해석을 할 수 있다. 왜냐하면 이러한 읽기는 고전을 당대의 생생한 현실 속으로 되돌려놓을 수 있을 뿐만 아니라 그 고전을 산출한 과거의 지적 공간을 오늘날의 지적 공간 안에 편입시킴으로써 그 고전을 우리시대의 고전으로 새롭게 창조할 수 있는 방법을 모색하는 데 큰 도움이 될 것이기 때문이다.

우리시대의 고전을 읽는 이점은 여기에만 그치지 않는다. 과거의 고전들이 수많은 공간적·장소적·횡단적 차이들에서 벗어나 어떤 목적적 시간성에 의지하고, 나아가 종국에는 시간성 자체를 초월하여 해석되는 경향이 없지 않았다면, 우리시대의 고전은 철저하게 그 고전을 산출한 시공간의 장소성에서 벗어나서 해석될 수 없음을 깨닫게 해준다. 또한 이러한 장소성에 대한 자각은 고전의 정전화 과정 속에 침투해 있는 다양한 권력과 이데올로기들을 드러내준다. 그중 가장 대표적인 것이 서구중심주의와 그에 기대고 있는 민족주의이다. 서구의 발전을 이상적 준거틀로 삼는 서구중심주의든, 서구에 대항한다는 명목으로 서구적 모델을 자기 내부에서 찾고자 하는 민족주의든 모두 고전을 서구적 모델의 견지에서 인식해왔다. 그 결과 서구의 고전은 이상적 모델로 보편화되었고 비서구나 주변부의 고전들은 서구적 수준에 미달하는 것으로 억압되거나 아예 목록에서 제외되었다. 우리시대의 고전을 보다 철저히 읽어야 하는 이유는 바로 이런 서구중심주의의 단일보편성을 비판하는 한편 주변부에 다양한 '보편적' 텍스트들이 존재함을 재인식하는 데 있다. 요컨대 '우리시대 고전읽기/질문총서'는 단일보편성의 상대화와 주변의 다양한 보편들에 대한 인정을 지향한다. 고전을 해당 시대가 제기한 핵심적 질문에 나름의 진단과 대안을 제시하는 중요하고 문제적인 텍스트라고 간단히 규정할 때, 오늘날 비서구와 주변부에서 제기되는 중요한 질문들을 다루는 그런 텍스트들을 발굴하고 견인하는 것은 필연적이다.

결론적으로 말해, 우리시대의 살아 있는 고전을 읽는 작업은 이중적 과제를 수행한다. 그것은 한편으로는 과거의 고전을 당대와 현재의 생생한 현실 속으로 다시 가져와 그것이 제기하는 질문을 여전히 살아 있는 질문으로 계승함으로써 모든 고전이 결국 우리시대의 고전임을 깨닫게 하는 것이고, 다른 한편으로는 우리시대의 고전들이 던지는 질문과 답변들을 꾸준히 우리 자신의 것으로 체화함으로써 우리로 하여금 미래의 고전에 대한 새로운 창안자가 되도록 하는 것이다. '우리시대 고전읽기/질문총서'는 바로 이런 과제에 기여하는 것을 꿈꾸고자 한다.

부산대학교 인문학연구소

사상의 번역